三菱UFJトラスト投資工学研究所［編］

金融データサイエンス

隠れた構造をあぶり出す
6つのアプローチ

日本経済新聞出版社

まえがき

　金融機関においては、マクロ経済や金融市場の分析、企業や個人への与信判断にかかる分析、自らの健全性を評価するためのリスク分析など、多種多様なデータ分析が行われている。当社も親会社である三菱UFJ信託銀行とともに、データ分析や数理モデルを金融ビジネスに本格的に導入しようというまさに黎明期から、30年間にわたって金融に関するデータ分析に携わってきた。

　1988年の設立来、金融工学という学問領域の発展、数理モデルを活用した資産運用ビジネスの進展、リスク管理の高度化に対する社会の要請など、定量的な分析に対するニーズの高まりもあり、時代の流れに沿って貢献すべき領域を少しずつ広げている。加えて、IT技術の進歩に伴いビッグデータと呼ばれる大量かつ多様なデータが出現したことで、金融データ分析も新たなステージに入ろうとしており、これまでとは異なる質と量のデータを相手に研究・分析する機会も増えてきた。

　本書では、今まで取り組んできた多くの研究の中から、学術的な興味だけではなく、ビジネスへの応用可能性も勘案し、金融市場分析、企業評価、マクロ経済分析をテーマにデータ分析の実例を紹介する。

　金融業務に携わっておられる方々のみならず、金融業界に興味を持っておられる他業界の方々も是非お手に取り、本書を通じて金融データ分析の面白さや可能性を感じとっていただければ幸いである。

　本書の執筆に際し、データ分析に詳しい社外専門家の方々からの助力もあり、ビッグデータの活用に関する幅広い議論を盛り込むことができた。論文の寄稿やインタビューに快く応じていただいた大学の先生方や専門家の方々、日頃から様々な形で指導・助言していただいている先生方、ならびに実務への応用を後押ししていただいている三菱UFJフィナンシャルグループ各社の皆様に心より感謝したい。

三菱UFJトラスト投資工学研究所　取締役社長

三菱UFJ信託銀行　専務執行役員

成川　順一

目　次

まえがき　3

1 本書の狙いと読み方 11

1 ビッグデータの時代 12
2 本書の狙い 13
3 本書の読み方 14

2 金融データ分析の変化 19

1 金融におけるデータ分析 20
1 金融におけるデータ分析　20
2 ではちょっと分析してみます　21

2 金融データ分析の変化 24
1 資産運用　24
2 リスク管理　28

3 分析に利用するデータの拡大 30
1 従来利用してきたデータ　30
2 従来のデータとの違い　30

4 データガバナンス 33
1 データガバナンスの目的　33
2 データの管理運営の変化　34
3 課題　35

3 いろいろな情報を活用した株式運用 37

1 誰が取引しているのか? 38
2 株価はなぜ動くのか? 40
1 影響力のある個人の情報発信 41
2 企業発表 42
3 経済全体の動き 43
4 海外市場の影響 44
3 株価に関係する多様な情報 46
1 経済・企業の基礎的要因 ～ファンダメンタルズ～ 46
2 株価変動のパターン ～テクニカル～ 47
3 投資家心理 ～センチメント～ 48
4 説明できない規則性 ～アノマリー～ 51
4 情報から株価を予測する～ AI を用いた株式運用～ 52
5 本章のまとめ 56

4 企業間ネットワークと情報の伝播 59

1 企業間における様々なつながり 60
1 ネットワークとは何か? 60
2 企業間に存在するネットワークとは? 65
2 企業間の関係を通じた情報の伝播 66
1 取引ネットワークの構造 66
2 取引関係のある企業の売上高と株価 67
3 カスタマー企業の株価とサプライヤー企業の株価 69
3 ネットワーク構造における企業の位置づけ 71
1 ネットワーク構造を捉えるには? 71
2 中心性から見る企業の特性 72

4 企業間ネットワーク情報を利用した株価予測 ········· 73

    1 株価予測へのインプリケーション　73

    2 株価予測可能性に関する分析　75

5 本章のまとめ ·········· 79

5 環境・社会・ガバナンス評価のための テキストマイニング ·········· 81

1 投資家は企業の持続可能性を見ている ·········· 82

    1 持続可能な企業とは?　82

    2 持続可能な企業となるための要素とは?　83

2 企業の持続可能性をどのように読み解くか? ·········· 84

    1 企業による ESG 情報の開示　84

    2 ESG 情報の種類と評価　85

    3 テキストマイニングを利用した定性情報の評価　87

3 ツリー構造を利用した単語の特徴づけの方法 ·········· 90

    1 テキストマイニングの準備　90

    2 単語間の関連性の学習　91

    3 ESG 関連単語のラベルづけ　93

    4 単語ツリーの構築　94

4 定性面に注目した企業の ESG に対する取り組み評価 ·········· 95

    1 個社 CSR レポートのビジュアライズと ESG に対する取り組み　95

    2 定性的な ESG に対する取り組みのスコア化　100

5 本章のまとめ ·········· 103

6 決算短信のテキストマイニングによる企業評価 —— 105

1 決算短信を読もう —— 106

1 決算短信の構成　106
2 分析の目的にあった文章の抽出　107

2 ディープラーニングによる文章の極性付与 —— 109

1 手がかり表現と拡張手がかり表現　109
2 業績要因文の極性判定　110
3 極性判定結果と業績予想との関係　113

3 スピンモデルによる文章の「不自然さ」の評価 —— 115

1 「不自然さ」を計る　116
2 経営環境文の定量化　119
3 経営環境文と業績予想の達成率の関係　123

4 本章のまとめ —— 124

7 マクロ経済分析のいま —— 127

1 経済の細部が見えるようになってきた —— 128

1 情報ソースの拡大　128
2 人々の景気判断と将来予想　129

2 経済状態をリアルタイムに知る —— 131

1 なぜ"今"の経済状態を予測するのか？　131
2 今日のGDPを測ってみよう　135

3 中央銀行のコミュニケーション —— 140

1 AI-FEDウォッチャーを目指して　140
2 中央銀行の声明文に対する市場参加者の反応　148

4 3節までのまとめ —— 151
5 ビッグデータによるマクロ経済学の発展 —— 152

8 高頻度情報から読む取引行動 ——————— 157

1 日中の株価変化 ——————————— 158
1 膨大な注文データ　158
2 東証における売買の変化　160
3 まばたきより速い市場参加者　163

2 分析から見える市場参加者の売買行動 —— 165
1 ときどき起こる大きな注文　165
2 高速な市場参加者の反応　168

3 イベントと株価変化 ————————— 171
1 イベントに反応するアルゴリズム　171
2 イベントの前後で動く株価　173

4 本章のまとめ ——————————— 175

9 金融におけるデータ活用の将来 ———— 177

1 金融機関におけるデータの利活用の意義 —— 178
2 マーケティング領域のデータ分析・活用の動向 —— 185
3 ビッグデータがもたらす金融市場の変化 —— 190
1 データ活用が金融市場にもたらすもの　190
2 金融データ活用の課題と将来　193
3 金融と情報技術の融合に向けて　197

4 本章のまとめ ——————————— 198

索　引　200

装幀：相京厚史（next door design）

1

本書の狙いと読み方

1 ビッグデータの時代

　現代社会はデータに満ち溢れている。個人が持つスマートフォンひとつ取ってみても、アドレス情報の他に画像、動画、音楽等ギガ単位のデータを持ち歩いているのではないだろうか。携帯端末だけでなく、オフィスの管理システムには顧客データや経理データがあり、店舗では売り上げが POS データとして記録されている。交通量・渋滞情報、気象情報等、人の周りにはデータのないところはない。

　総務省の平成 29 年度版情報通信白書では、世界のデータ流通量は 2015 年で月間 73 エクサバイト（730 億ギガバイト）、5 年後の 2020 年の予想はその約 2.7 倍とレポートされており、人間のイメージをはるかに超えた量のデータが移動していることが分かる。この爆発的なデータの増加の要因には、スマートフォン等の携帯端末の普及が一役買っていることはいうまでもない。

　もう 1 つのデータ量の増加に関する事象は電子化、ペーパーレス化の流れである。株券は 2009 年 1 月に完全にペーパーレス化されデータによる管理に移行しているし、企業の決算内容を記した有価証券報告書は 2004 年 6 月より原則として電子提出が義務付けられるようになった。そのほか様々なものが電子化され、データとして活用できるようになってきている。

　では、分析者の目から見てこのような大量データのどの部分が分析対象となるのだろうか。答えは、「全てが対象となる」である。「全てのデータ」を分析対象にできるのは、「あらゆるデータ形式」に対応できる技術の進歩があったからでもある。

　PC が一般に普及し始めた 30 年前はデータといえば数値データを意味し、データ分析は数値分析と同義であった。今ではニュースや SNS のコメント等のテキストデータ（文字データ）、写真等の画像データのような非構造データも分析対象に含まれ、取り扱うデータ形式も多様化している（ビッグデータの詳細は後の章に譲る）。このようなデータを分析する手法も、テキストマイニングに用いる自然言語処理の様々な手法、大量なデータ解析に用いる AI、機械学習などの手法等、様々な技術が使われるようになった。

　ビッグデータは学術面においても変化をもたらした。金融・経済のデータ分析の世界は、従来経済や統計の専門家が取り組む分野であった。しかし、取り扱うデータの変化と分析技術の拡大により、多くのデータサイエンスの専門家もこの分野に興味を持つようになり、金融・経済とデータサイエンスの垣根も低くなっ

てきている。

2 本書の狙い

　大量で多様な形式のデータを分析する際には、分析の「視点」や手法の「選択」が重要になる。ビッグデータやAI、機械学習に関する入門書、ビジネス書の多くは、ビッグデータから今まで人が「見たこともない情報」を取り出すことができた、AIや機械学習にデータを流し込めば「素晴らしい結果」を得られた、という事例を並べているものが多い。

　これらの結果自体にうそ偽りはないのであるが、どのような視点でデータに向き合い、分析に適した手法は何なのかという中身に踏み込んでいるものは少ない。

　そのためか、多くの人々はビッグデータやAI、機械学習といったキーワードを耳にすると、「打ち出の小槌」のように何でもできると思ってしまう。

　AIは、人の画像を認識し性別まで見分けることができるようになったし、囲碁や将棋の世界では人を打ち負かすまでになった。

　しかし、人の画像の認識は何万、何千万という大量のデータにより実現できたものであるし、囲碁や将棋は明確なルールがあり碁盤や将棋盤という閉じた世界だからこそ得られた成果ともいわれている。データが少なく、無数の要因が絡み合う市場分析などは、まだまだAIにも難しい。

　実際のデータ分析の現場では、分析者がデータと格闘し、どのような視点で分析すべきか悩み、採用する手法やインプットについて試行錯誤している。このように人力に頼るところが大きく、AIにデータをインプットすると学習して素晴らしい結果を出してくれるといったものでは決してない。

　本書は金融データに焦点をあてて、ビッグデータ時代のデータ分析を紹介する。狙いは、分析によってできること（アウトプットの実例）の理解ではなく、実際の分析の視点、活用する手法、分析によりあぶり出されたものについて、読者が触れてデータ分析に必要な力（分析者のセンスも含む）を感じ取ってもらうことにある。

　扱うデータは、主に企業評価に用いるデータやマクロ経済データ、資産運用等で用いるデータ等の公開データであるが、ニュースやレポートといった非構造データや取引所の高頻度取引データといった特殊なデータも対象にしている。

　金融データというとまず思いつくのは、銀行の預金口座の入出金データかもし

れない。まさにビッグデータたる量であることは間違いないが、これは銀行のプライベートデータであることから、本書で扱う対象には含めない。

公開された金融データの研究事例からでも、ビッグデータ時代の分析の難しさや分析現場の考え方を十分理解してもらえると思う。

本書をとおして、研究者やデータサイエンティストには、金融の先端研究所の研究員のデータの捉え方、各種手法の活用実例、分析より結果を導く考え方が参考になればよい。一般の読者には、ビッグデータや AI、機械学習で何ができるかを感じてもらい、データ分析をビジネスに結びつける一助となれば、本書の目的は達成される。

3 本書の読み方

先に述べたとおり、本書はどのような視点でデータに向き合い、そこで導き出された課題にどのようにアプローチしているかを、読者に理解してもらうことを主眼としている。分析の目的たる研究課題は金融・経済がテーマになっているが、本書においては金融・経済の理論やモデルの解説を詳細には行なわない。また、データ解析に用いる手法についても、ほとんどの章では、「何ができ」、「どのような効果が期待できるのか」というところに力点をおいて解説する。理論・モデルの学術的な背景や手法の技術的な詳細は別の教科書や解説書を参照していただきたい。

できるだけ幅広い層の読者にビッグデータの分析、AI、機械学習の技術について触れてもらいたいため、難解な数式を一切排しモデルや考え方を図によりイメージできるようにした。

次章以降 8 つの章で本書は構成されており、各章読み切りスタイルで書かれている。そのため、どの章から読み進めてもらっても良い。

2 章は全体のイントロダクション的な役割を担っており、3 章から 6 章は、株式や企業に関する分析を、7 章はマクロ経済分析、8 章は取引所の高頻度取引データ分析をテーマとしている。3 章から 8 章で金融データサイエンスの 6 つのアプローチを紹介する。9 章は全体のまとめの位置づけである。

また、ビッグデータに携わる有識者をスペシャルゲストとして招き、インタビュー内容をまとめたものや本人による論文も掲載している。

表 1.1 は 3 章から 8 章のテーマ・キーワードと使用しているデータの種類をまとめたものであり、図 1.1 は次章以降の難易度を登山に見立てて表したものであ

14

表 1.1　各章のテーマ・キーワードとデータ

	章のタイトル	テーマ・キーワード	データ
3章	いろいろな情報を活用した株式運用	・株式の入門的解説 ・AIの資産運用への活用	・ニュース
4章	企業間ネットワークと情報の伝播	・企業間のネットワーク ・情報の伝播	・有価証券報告書
5章	環境・社会・ガバナンス評価のためのテキストマイニング	・ESG ・企業の発信するレポートの解析	・CSRレポート ・サステナビリティレポート ・統合報告書
6章	決算短信のテキストマイニングによる企業評価	・決算短信の文章に隠れた情報の発掘 ・高度な自然言語処理	・決算短信 ・財務情報
7章	マクロ経済分析のいま	・ナウキャスティング ・FOMC議事要旨の分析	・各種経済指標 ・FOMCの議事要旨
8章	高頻度情報から読む取引行動	・大量な取引注文データの解析 ・高頻度取引、アルゴリズムトレード	・高頻度板データ

図 1.1　各章の難易度

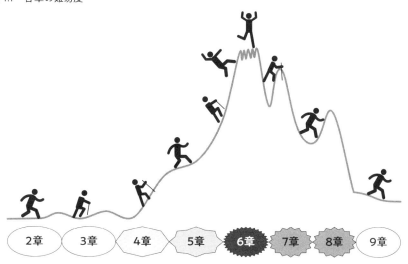

る。難易度はあくまで本書の中での比較なので、難易度が高いといっても難解な専門書と比較するとかなり平易なものとなっている。これらの図表で各章のイメージがつかめれば、読みたい章から始めてもらっても良い。

　もう少し各章の内容と読み方を知りたい読者は、以下で紹介しているので、そちらを参考にしていただきたい。

　2章は、金融という分野で取り上げられる研究課題が現在と過去でどのような違いがあるかを概観した上で、資産運用とリスク管理に焦点をあてて金融の諸課題について解説する。次に、これらの課題に取り組む際に分析対象となるデータ自体の変化、現在の状況を説明し、データ・ガバナンスについても触れる。

　この章は金融において、どのようなデータ分析がなされてきたか、現在と過去の違いや変化を知るには有用だ。

　3章は、以降で株式に関するテーマが続くため、株式について馴染みの薄い読者向けに前半で株式市場について入門的解説を行う。後半で今注目されているAIの資産運用への活用について解説する。

　前半部分では、株式市場を動かしている具体的事象とデータ分析の視点となる市場変動の要因を整理する。株式市場について熟知している読者は、この章の前半部分は飛ばしてもらってもよいだろう。

　後半の株式運用にAIを活用する部分については、1つのイベントとしてニュース等の情報を捉えた場合の株価との関係をイメージできる解説をしており、どの読者にも参考になるだろう。

　4章は、企業間のネットワークをテーマとして取り上げる。有価証券報告書をテキストマイニングすることにより、企業の売り上げがどの企業との取引によるものかを調べ、企業間のつながりを探り出すという試みである。

　ここで作り出された企業間のネットワークによって、情報がどのように伝播していくのか、株価にはどのような影響があるのかを見ていく。

　株価の水準はその企業の評価として捉えられることが多いが、取引先企業の影響で株価が変動しているという情報伝播の観点で捉えているところは面白い。

　5章は、今流行のESG（環境・社会・ガバナンス）をテーマとして取り上げている。

この章では、企業の発信するレポートをテキストマイニングし、要約した内容を一目で分かるようにビジュアライズする。そして、企業の ESG に対する取り組みをスコア化し、その結果から見えてくるものについて解説する。

大量な文書を人の目で読み解き、分析するという方法を、テキストマイニング技術を活用した分析に置き換えることも興味深い。

6 章は、決算短信の文章部分に隠れた情報の発掘に焦点をあてる。企業の発表する決算短信の分析、特に文章部分の分析は、従来アナリストの仕事であったが、この章では人手ではなく機械による文章部分の読み解きを試みる。したがって、他の章とは異なり、高度な自然言語処理によるポジティブ・ネガティブの極性付与、文章の不自然さを計る手法の解説が中心となる。

紙幅の都合上、詳細部分まで踏み込むことはできなかったが、最先端の技術に触れることができるだろう。

7 章は、マクロ経済分析の 2 つのテーマを扱っている。前半のテーマは GDP のナウキャスティングであり、四半期ごとに発表される GDP を様々なデータを用いることにより、日次で GDP の予測をしようとするものである。後半は米国の連邦公開市場委員会（FOMC）の議事要旨のテキストマイニングであり、議事要旨がその後の金利動向やエコノミストの予想にどのような影響を与えているかを見ていく。

前半のテーマは米国連銀も取り組む注目の手法であり、後半のテーマも中央銀行の動向を読むため多くの研究者に取り組まれている試みである。

最後に「ビッグデータによるマクロ経済学の発展」と題して、早稲田大学の上田教授のインタビューを載せた。ここでは、ビッグデータがもたらすマクロ経済分析への影響やマクロ経済学の将来展望についてまとめられている。

8 章は、これまでとやや異なるテーマを取り扱っている。取引所の株式の板データと呼ばれる高頻度取引情報を対象にした分析である。

高頻度取引情報はミリ秒やマイクロ秒単位での注文情報のデータであり、このデータを分析することによってアルゴリズムトレードや高頻度取引の動きを捉えようというものである。

この世界のデータは、米国では一般的な分析対象となっているが、日本ではまだまだ未開のデータであり、ミクロの世界を垣間見ることができる。

9章は、本書のまとめ的な位置づけで「金融におけるデータ活用の将来」をテーマに有識者の2つのインタビューと1つの論文で構成されている。

　はじめに登場するのは日本銀行の金融高度化センターの家田センター長と山口副センター長に対して行なった「金融機関におけるデータの利活用の意義」についてのインタビューである。ここでは、様々な金融機関の取り組みや将来の課題を知ることができる。

　続いては、本書では取り上げることのできなかったマーケティングの分野について、慶應義塾大学の星野教授へのインタビューを掲載している。このインタビューでは、マーケティング領域でのデータ分析の動向を理解できると同時に、マーケティング分野から見た金融データ分析の課題も見えてくる。

　最後に東京大学の和泉教授の「ビッグデータがもたらす金融市場の変化」と題した論文を掲載した。この論文ではビッグデータの解析により見えるようになったものや将来への課題がまとめられている。

2

金融データ分析の変化

1 金融におけるデータ分析

1 金融におけるデータ分析

　ほとんどの読者は金融におけるデータ分析といってもよくイメージできないかもしれない。金融機関はデータ分析を本業としているわけではないので当然であろう。金融機関にはお金や経済にまつわるデータが集まるし、データの収集も行っている。そして、集まったデータを活用するためには、データ分析が必要になる。

　では具体的にどのようなことをしているのかというと、想像しやすいのは融資判断を行うためのデータ分析であろう。金融機関は預かったお金を貸し出し、その金利差で収益を生み出しているため、貸し出した資金が返ってこなければ損失となってしまう。金融機関としては貸し出すときに返済の可能性を見積もっておきたい。そこでデータ分析を行い、この貸出先が返済してくれる可能性を表す確率を計算するのである。

　誰もが思いつく貸出先の信用力評価の材料は財務情報だろう。貸出先がどれくらいの負債を抱えているのか、どれくらいの利益を上げているのかなど、貸出先の返済能力を分析する上で重要な情報である。これらは数値情報であるため、定量分析にそのまま利用できる。

　さらに詳しく分析をしたいとして、例えば貸出先の取引相手について調べることを考えてみよう。貸出先の取引相手の企業が破綻すれば、貸出先のビジネスが滞ることによって、貸出先の利益が減ったり、貸出先が破綻してしまったりするかもしれない。貸出先とその取引相手がどのような取引を行っているか、取引相手の財務情報が必要となる。これらの情報はデータ収集が大変であるし、取引形態も様々であるため、貸出先の財務情報よりも分析が難しそうである。そこで、データ収集にかかるコスト、分析の難しさ、分析によって得られる効果などを勘案しながら、機械的な分析と人手での分析とを併用してきた。

　ビッグデータという言葉が登場する前からこのような流れで、データ分析は行われてきた。近年の変化はデジタル化が進んだことによって、データ収集にかかるコストが小さくなり、分析に用いることができるデータが増え、機械的な分析の範囲が広がってきた、と説明することができるだろう。

　金融機関が行っているデータ分析をいくつか挙げてみよう。まずは融資判断。これは先の例で説明した通りである。

2 金融データ分析の変化

2つ目は資産運用。これは自己売買もあれば、年金、保険、投資信託などのように、金融サービスを提供する上で運用が必要な場合もある。株式や債券など運用するための資産についてデータに基づいた分析を行っている。

3つ目はマーケティング。世の中には様々な金融商品が販売されている。より多くの販売につなげるためには、顧客のニーズに沿った商品開発や提案ができる方がよい。顧客のニーズの把握のためにデータ分析が行われる。

4つ目はコンサルティング。コンサルティングは、顧客が知らない情報を提供し、なんらかの判断材料としてもらうことである。例えば、フィナンシャルプランナーは、個人のライフサイクルにおける資産形成のアドバイスを行っている。子供が生まれてから大学卒業まで○○万円かかるといった数字はデータ分析をしなければ得られない。

本書では、プライベートデータではなく、オープンデータの分析と活用方法について紹介していく。プライベートデータとは企業が独自に保有しているデータ、オープンデータとは一般に公開されたデータと定義される。プライベートデータの分析を行うためには、データの背景であるビジネスへの理解や結果の解釈の仕方など十分な知識を要する。例えば、販促活動を行うときは、これらの製品がターゲットとする顧客、それぞれの製品の特徴をイメージしつつ、自社の製品とその対抗製品に関係するデータを分析することになる。

2 ではちょっと分析してみます

ここで1つ分析をしてみよう。本書の内容を知っていただく目的もあり、本書の原稿をテキストマイニングしてみた。(ただし、執筆中の原稿なので、今は少し違っているかもしれない。)その結果を図2.1のように本書の頻出語としてまとめた。ただし、この頻出語を作成するにあたって1つ条件を設定している。後で正解を述べるので、想像しながら読んでみて欲しい。

ここに挙げられている単語を見るとどのような印象を持つであろうか。データ、情報、文章、ニュース、テキスト情報など、ビッグデータに関わる単語がいくつか並んでいる。本書のテーマはビッグデータであるため、このような単語が自然と並ぶことになった。

次に目に付くのは金融関係関連の単語だろう。株価、企業、決算短信、投資家、金融機関などである。本書は金融や資産運用を対象範囲としているため、こ

21

図 2.1 本書の頻出語

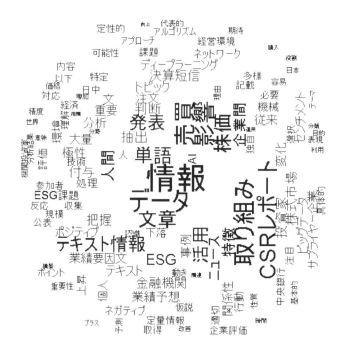

のような単語が本書に多く登場する。ちなみに CSR レポートや ESG も企業に関係する単語で、最近資産運用の業界でよく登場する話題である。

さらに、ディープラーニング、AI、機械、アルゴリズムなどの機械学習・人工知能に関連する単語も散見される。それらと対比する形で、人間、個人なども使われている。本書は機械学習を主としてはいないが、データ分析にはこれらの技術が必須であるため、自ずと登場することになったのだろう。

本書がどのような内容なのかイメージを持っていただけたと思う。では、図 2.1 を作成するにあたって、追加で設定した条件の種明かしをしたい。10 年前にも我々は本、正確には論文集を執筆している。図 2.1 の作成にあたり、10 年前の論文集の原稿にはほとんど登場しなかった単語という条件を設定した。つまり、10 年前の本には登場せず、本書によく登場している単語群が図 2.1 なのである。そのように考えると、ビッグデータやディープラーニングなどが図 2.1 に登場している理由が分かっていただけるのではないだろうか。これらの単語は 10 年前に

は金融の世界ではまだ一般的ではなかったのである。

では、図 2.1 と対になる 10 年前の論文集における頻出語リスト（図 2.2）を見てみよう。これも図 2.1 とは逆に、本書ではあまり使われていない単語という条件を設定している。金融工学に詳しい方はイメージができるかもしれないが金融工学の専門用語ばかりである。論文集ということもあって、専門用語がよく用いられたということだろう。本書ではこれらの単語はほとんど登場しないのでご安心を。

図 2.2 にある単語はだいたい株式を中心とした資産運用に関わる単語である。これらを見ても分かる通り、データを中心とした単語はほとんど登場しておらず、データ分析よりも理論やモデルが重視されていたという状況であったということが分かる。なお、これらの専門用語は金融におけるデータ分析を行っていく上で今も昔も必須の知識であるが、この 10 年間の時間の経過とともに、理論やモデルは様々な方向に発展している。ビッグデータの登場によって理論からデータへ

図 2.2　10 年前の論文集における頻出語

と重要度がシフトしてきたのが近年の状況であるが、今後はどのようになっていくのかは分からない。ただ言えるのは、理論とデータの両方ともが重要ということは変わらないということだけであろう。

次節では本書の対象範囲である資産運用とリスク管理について、データ分析という観点からどのように変わってきたのかということを中心に振り返ってみたい。

2 金融データ分析の変化

1 資産運用

本項では、資産運用ビジネスの中でも「クオンツ運用」という運用スタイルに焦点をあてて、近年の動向を紹介する。クオンツ運用（quantitative investing）は、データを定量的（quantitative）な手法を用いて分析し、その結果に基づいて投資判断を行うという特色がある。この運用スタイルは、年金基金など多くの機関投資家に受け入れられており、資産運用ビジネスにおいて、大変重要な役割を担っている。さらに、クオンツ運用は本書のテーマであるビッグデータを取り込みながら、その存在感を高めつつある。通常の資産運用のイメージは、専門家が自らの判断に基づいて、株式や債券の売買を決定するというものだと思われる。このような投資スタイルはジャッジメンタル運用と呼ばれ、運用成果は専門家のその時々の判断に依存する。一方で、クオンツ運用は、データ分析に基づいた運用モデルで、人間の判断に頼らずに売買を決定する。実際には、モデルを利用しつつも人間の判断も加味する運用プロセスが多いが、基本的にはモデルの性能が運用成果に大きな影響を与える。

では、クオンツ運用において運用モデルの役割はどのようなものだろうか？運用会社によってモデルの役割は異なるが、ここでは典型的な事例を紹介する。

資産運用モデルの1つの役割は、投資対象資産の将来のリターンがどのように振舞うのか、もしくは資産間のリターンにどのような関係があるのかを推定することである。モデルの出力は、必ずしも将来リターンの形式をとらない場合もある。例えば、A社とB社でどちらのリターンが高そうかといった順番だけを予想する場合も株式運用では比較的多い。いずれにせよ、投資対象資産の将来リターンの同時分布に関する情報を何らかの形式で出力することがモデルの重要な役割の1つである。

2つ目の役割は、前述のモデルの出力を利用して、最適な資産の組み合わせ

（ポートフォリオ）や売買案を提示することである。この際、予想されるリスクの水準や資産の組み入れ比率など様々な制約条件を加味する。これら2つの役割を持つモデルを構築すれば、基本的には人間の判断を介さずに機械的に売買案を得ることができる。

　クオンツ運用により得られる様々なメリットは、資産運用のプロセスをモデルの形で明確に表現できることに起因する。過去のデータを利用したシミュレーションで、モデルの有効性を事前に評価することができる。また、運用プロセスが明確であるため、事後的なパフォーマンス分析も行いやすい。

　一方で、クオンツ運用は過去のデータに存在しない事象に対して弱いといわれることがある。そのような事象は人間とて判断が難しいだろう。また、モデル構築に利用できる過去のデータは限られており、しかも過去と現在では経済構造や市場構造も異なるため、単純に過去のデータから機械学習でパターンを抽出すればよいというわけにはいかない。実際のモデル構築においては、シミュレーションの結果だけでなく、金融市場の将来動向を人間が判断し、その判断も取り込みながらモデルを仕上げていくことが多い。ビッグデータが普及してきた現在においてもこの状況に変わりはなく、モデルを構築する際に人間が果たすべき役割は大きい。

　次に資産運用、特にクオンツ運用に対して影響を与えた、近年の重要イベントを3つ取り上げる。これらのイベントから得られた教訓を通して、クオンツ運用の現在を考えてみたい。

クオンツ・ショック

　2007年8月8日から9日、株式市場は堅調であったが多くのクオンツファンドは大きな危機に直面していた。クオンツのモデルで割安と判断した銘柄群が大きく下落し、逆に割高と判断した銘柄群が急上昇した。一部のクオンツファンドだけでなく、多くのクオンツファンドでパフォーマンスが急激に悪化したことから、クオンツ・ショックと呼ばれるようになった。なぜこのような事態が発生したのか。きっかけは、一部のヘッジファンドによる大規模なポジション解消と言われている。当時、そのヘッジファンドと同じようなポジションを保有していたクオンツファンドが多数存在したため混乱が拡大した。ヘッジファンドが売却した銘柄のリターンは下落し、逆に買い戻した銘柄のリターンは上昇した。そのためヘッジファンドと同じようなポジションを保有していた他のクオンツファンドの

パフォーマンスが急激に悪化することになった。

　ポイントは、どのクオンツファンドも、同じような銘柄を割安もしくは割高と判断し、実際のポジションも類似したものになっていたことにある。クオンツ運用という投資スタイルは本来特定の戦略を指すものではなく、各ファンドが独自の切り口で銘柄を評価すれば、ポジションも自ずと異なるものになるはずであった。ただし、クオンツ・ショックが発生して分かったことは、多くのクオンツファンドが将来の予想利益や純資産額に対して株価が相対的に割安な企業に投資するという類似の戦略を採用していたことである。実際、企業の割安性に着目した戦略は2000年初頭から2006年末までは絶好調であった。もちろん運用会社ごとにそれぞれ独自の工夫を施し、より適切な企業価値評価を目指していたものの、モデルの出力に大きな違いはなかった。クオンツ・ショックを経て、他社と類似した戦略やポジションを取ることが非常に危険であるということが強く認識されるようになった。運用会社がそれぞれ独自性のある切り口を改めて模索し始め、その1つの手段がビッグデータから新たな切り口を見つけることであった。

スマートベータ

　近年、スマートベータと呼ばれる運用商品が関心を集めている。伝統的には、運用商品は、市場を代表するベンチマーク指数（TOPIXやS&P500など）に追随することを目指すパッシブ運用と、それを上回るパフォーマンスを目指すアクティブ運用の2つに分類されてきた。スマートベータはパッシブ運用と同じ発想で何らかの指数に追随することを目指すが、TOPIXなどの代表的な指数ではなく、より賢い（スマートな）指数に追随することを目指す。

　スマートベータ指数には様々なバリエーションがあり、例えばボラティリティ（リターンの変動）の低い銘柄を集めた指数や直近数カ月間のパフォーマンスが良い銘柄を集めた指数、高配当株を集めた指数などがある。企業規模が小さいなど何らかのリスクを内包した銘柄を多く含んでいるスマートベータ指数は、そのリスク対するプレミアムが得られるという説明をしている。また、スマートベータ指数の中には、TOPIXなど市場を代表すると考えられている指数の多くが企業の時価総額（＝株価×発行済株式数）に比例するように株式を組み入れていることに注目し、時価総額に比例するのとは異なる組み入れ方で作成されているものもある。実際、株式時価総額（≒株価）の高い銘柄群には一時的に価格が切り上がった銘柄、割高な銘柄が含まれているため、時価総額加重指数が非効率であると指摘する研究も多い。

これらのスマートベータ指数の多くは、10年程度の長い期間で見ると代表的な指数を上回るリターンが得られることが様々な研究で報告されている。容易に入手できる情報を利用したシンプルな運用手法で、アクティブ運用が目指してきたベンチマークに対する超過リターンが得られる可能性が示された。スマートベータの運用報酬はアクティブファンドと比較して低く、アクティブファンドはその高い運用報酬に見合う付加価値をより意識しなければならなくなった。そして、パフォーマンス面でも、リターンの水準もしくは安定性において、スマートベータとの違いを明確に示すことが必要になっている。

取引スピードの高速化

　マイケル・ルイス氏が2014年に出版した「フラッシュ・ボーイズ」を読まれた方は多いだろう。テクノロジーを駆使して取引スピードを追求し、貪欲に利益を得ようとするトレーダーやエンジニアの姿が描かれている。この本で描かれているような高頻度取引（HFT）の隆盛は近年の最大のトピックかもしれない。従来のクオンツ運用が重視してきた、資産選択のための洗練された方法論ではなく、単純にテクノロジーの強さ、ITを駆使した取引スピードの速さで勝敗が決まっていた。クオンツ運用への教訓はITの重要性、もしくは重視すべきテクノロジーの変化ではないかと思う。従来、クオンツ運用が重視してきたテクノロジーとは、洗練された数理モデルや高度な統計モデルを指すことが多かった。このようなテクノロジーは依然重要ではあるものの、高頻度取引の隆盛が示唆したのは、ITインフラの強さやITを駆使してビジネスを展開する能力の重要性であった。

　これら3つのイベントは、現在の資産運用にどのような影響をもたらしてきたのだろうか？本書のテーマであるビッグデータとそれを駆使するクオンツ運用への影響を中心に考えてみる。まず、クオンツ・ショックが再発するリスクについてはどうであろうか。ビッグデータを活用しても、多くの運用会社の戦略が、同じような情報や分析の切り口を採用しているのであれば、運用戦略も似てしまいクオンツ・ショックが再発するリスクは残るだろう。

　クオンツ運用にとって、スマートベータという新たなライバルが出現したことはどのような影響をもたらしているだろうか。スマートベータは財務データや株価など簡単に手に入るデータだけを利用しているという点も1つの特徴と考えられる。ロジックも公開されているため、誰でも簡単に複製できる。つまり、誰もが簡単に手に入れることができるデータ、もしくは簡単に加工・処理できるデー

タだけを利用した運用戦略は、スマートベータとの差別化が難しくなっていると考えられる。もちろん単純に大量のデータを使っているということだけでは付加価値とは呼べないため、運用会社は各社が得意とする切り口で、一般には入手・加工が難しいデータを利用しながら、高度な付加価値を提供しようと模索している。その意味では、運用戦略が同質化してしまうリスクは、以前よりも小さくなっていると考えられる。

最後に、取引スピードの高速化が示唆したITの重要性であるが、これは今後ますます重要度を増していくだろう。本書で取り上げているビッグデータは、大量というよりも多様なデータである。大量のデータを高速に処理するためのインフラも重要であるが、加えて、多様なデータソースから収集した形式の異なるデータを整え、維持管理するためのノウハウや人的リソースの確保も非常に重要になってきた。

ビッグデータやそれを活用するためのテクノロジーの重要度が増してくるに従い、運用会社の経営判断が、より直接的に運用商品の付加価値に結びつく状況になりつつある。例えば、データ、ITインフラ、エンジニアへの経営資源の配分や、特定の分野に技術を有する他社との提携戦略などによって、取りうる運用戦略が変わってくる。社内で有益な投資アイディアが出てくるだけでなく、それを実現するためのデータやITリソースが不可欠なものとなっている。もしくは、データやITリソースの面でのアドバンテージが、運用商品のアドバンテージに直結しやすい状況にある。

2 リスク管理

お金は経済の血液といわれるように、経済を回していくために必須のものである。この例でいえば、金融機関は経済の心臓に位置しているといっていいだろう。したがって、金融機関が機能しなくなれば経済が滞り、社会に与える影響は非常に大きい。過去から現在に至るまでたびたび金融危機や経済危機を繰り返してきたため、金融機関にはバーゼル規制と呼ばれるグローバルでの規制が課されている[1]。対象となる金融機関はこれに対応するために、自行が抱えるリスクの大きさを計測、それに備える形で資本を積み立てておかなければならない。

バーゼル規制は金融取引が高度化・複雑化していくのに応じて更新を重ねてき

1　保険会社はソルベンシー規制が課されている。

ているが、その中でバーゼル規制の方針が大きく変わったことがある。そのきっかけとなったのは誰もが知っているリーマンショックだ。それ以前の規制ではリスク管理といえばバリューアットリスク（VaR）に代表されるようなものであった。バリューアットリスクとは自分が保有している資産が被る損失の可能性を数値化したものである。99% VaRといえば、「損失を被るとしたとき1%（=100% − 99%）の確率でこの金額より大きくなる」ということを意味する。損失とその発生確率を過去データから推定し、バリューアットリスクは計算される。このように過去データに基づいたリスク量の推計が行われてきた。（これはあくまで規制の話であって、金融機関の方々はそれ以外にも様々な形でリスク管理を行っている。）

　この方法は誰がやっても同じ結果を得られるという客観性を持っており、その点で優れている。複数の金融機関が同じ方法でリスク量の計測を行えば、その数値が比較できるため、規制をする側としては扱い易い。しかし、過去に起こった出来事しか考慮できないという潜在的な問題を抱えていた。このような中でリーマンショックが発生し、金融機関や経済全体が大きな損害を被った。

　この経験からバーゼル規制の方針は大きく変化している。過去データを重視したリスク管理から、将来の変化を予測するフォーワードルッキングなリスク管理に舵がきられた。フォーワードルッキングなリスク管理とはどのようなリスク事象が発生するかを予測し、その予測に基づいてリスク管理を行っていくことを指す。より効果的にフォーワードルッキングなリスク管理を実施していくためには、どのようなリスク事象が発生するのかを洗い出し、それが金融機関自身にどのような影響があるのかを推計し、必要であればその影響を抑制する対策をとるというサイクルを繰り返すことになる。では詳しくこのサイクルの各段階を見てみよう。

　まず発生しそうなリスク事象を洗い出す段階である。日々複雑化していく経済では、何が原因となってリスク事象が発生するか分からない。各金融機関内外の情報を集め、それを分析することでどのようなリスク事象が発生するのかを考えなければならない。過去の事実だけではなく、様々な知見の活用や想像力を働かせる必要がある。

　そして、リスク事象から金融機関全体が受ける影響を推計する段階では、金融機関内の各ビジネスとリスク事象を結びつけ、各ビジネスが受ける影響を具体的に計算し、金融機関全体で合算するということを行う。この段階では取り扱うデータの範囲は金融機関外よりも金融機関内のデータが主体となる。

対策をとる段階では、推計したリスクの大きさが許容できるかどうかの判断が必要となる。リスクを抑制するだけでは金融機関としての収益を確保することができなくなるため、金融機関全体の戦略や各部門の戦略と照らし合わせながらリスク抑制の策を練ることになる。つまり、攻めと守りの両立であり、リスクアペタイトフレームワークと呼ばれる考え方が必要となる。

また、喫緊の対策を講じる必要がないリスク事象も多くあるだろう。実際には予測したリスク事象が顕在化しそうかどうかを常にモニタリングし、顕在化しそうになったときの対応方針を決めておくという対応がとられることが多い。この中には経済状況など外部環境の様々な変化を早めに捉えようとする予兆管理という仕組みも組み込まれている。

以上のように、リスク管理においても金融機関内外の様々なデータを収集し、それらを関連つけ、俯瞰することでリスク管理を行われなければならない。グローバル化が進み、経済の結びつきがより強く、またより複雑化していく中で、収集しなければならないデータの範囲は広がり続けている。

3 分析に利用するデータの拡大

1 従来利用してきたデータ

これまで、資産運用とリスク管理で扱うデータは、企業財務データ、株価・為替・金利などの市場データ、GDP・物価指数などのマクロ経済データが中心であった。これらはもともと数値化されており、また定型フォーマットを持つ構造化されたデータであるため、データを日々受信・蓄積し、そのまま分析することが可能であった。

昨今の金融データ分析で広く利用されるようになってきたデータとして、①ニュースやSNSなどから得られるテキストデータ（非定量データ）、②株式・為替・先物などの日中の売買を記録した高頻度データ（リアルタイムデータ）、③企業間取引データのようなデータ量は必ずしも大きくはないが独自の切り口で収集・加工されており、かつ収集の際に相当のメンテナンスが必要となるようなデータなどが挙げられる。

2 従来のデータとの違い

本書で分析対象とする新しいデータは、以下の点で従来のデータとは異なる。世の中に存在するデータの一部を図2.3のように整理してみた。横軸はデータ量、

縦軸はデータが主観的か客観的かである。データが主観的か客観的かという軸は非常に重要と考えており、その違いによってデータの取り扱い方や分析結果の解釈の仕方が変わってくる。金融は自然科学の領域ではないため主観的な情報に触れることが多く、主観的な情報をノイズとして扱うのか、それとも分析対象とみなすのかによって、分析の切り口が変わる。

ビッグデータという言葉からデータの量が多いことをすぐにイメージするが、それだけではない。ビッグデータの特徴として3V、4V、5Vなどとよく耳にする。3VはVolume（量）、Velocity（リアルタイム）、Variation（多様性）で、あとからVeracity（正確性）やValue（価値）などが追加で言われるようになってきている。

しかし、必ずしもこれらの特性を全て満たす必要は無い。本書で取り上げる経済・企業に関するデータについては、正直なところ、量が多いとはいえない。そのため、先に挙げた3つのVの中ではVolume（量）よりもVariation（多様性）が重要で、それを如何に組み合わせ、活用していくのかが重要となってくる。では具体的にこれらの特性について、少し見ていきたい。

図2.3 データの分類

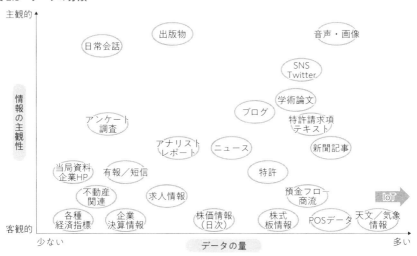

違い① 量

ビッグデータという名前のとおり、情報処理技術の高度化に伴い、扱うべきデータの量は日に日に増加している。大量のデータを扱うためには、従来型のデータ処理技術では扱いきれない。そのためにはデータ処理のための環境構築が必須であり、従来よりも高い情報処理スキルが必要となる。例えば、大量のデータの中から必要なものを探し出す検索ツールや大量のデータを解析するための分散処理基盤は必須になるだろう。現状は機械学習やAIなどを利用せずとも扱いが可能な場合も多いが、それらが必須の技術となることは間違いない。

違い② リアルタイム

従来、資産運用の領域で利用してきたデータの頻度は日次が中心であった。各データに対して日付が付与されており、それが日中のどのタイミングで公表されたものかまでは、把握できない場合が多かった。8章で詳しく事例を示すが、現在は日中の資産価格や取引がデータとして取得できる環境にあり、これを活用する動きが進展している。例えば、人間の判断スピードでは追いつかない速さであるミリ秒という単位で株式売買が行われており、同等のレベルに追いつこうとするとリアルタイムで対応できる情報処理能力が要求される。

違い③ バリエーション

現在、異なる特徴を持つ様々なデータが利用可能となってきている。データ量が多いものから少ないものまであり、数値情報やテキスト、画像、音声など様々な形をとる。同じ定量情報でも株価や為替レートのように欠損がないデータもあれば、アンケート結果などのように取材できた範囲のみに限られ、欠損が多くあるようなデータもある。データの量、形や質が変われば、分析の仕方や得られた結果の解釈は変わるはずである。例えば、企業に関する情報としては、定量データである株価や財務数値、非定量データであるニュースや有価証券報告書などのテキスト情報、質的に異なるネットワーク情報などを組み合わせて分析できるデータベースやインフラが必要となる。さらに、バリエーションの拡大にすぐに対応できるような柔軟性も求められる。

違い④ 定性情報

株価や財務項目の値は数値情報であるため誰にとっても意味するところは明快である。図2.3では下の方に位置する客観性が高い情報ということになる。一方

で、テキスト情報は同じような内容の文書でも発信元によって文書の意味するところが変わってくるかもしれない。例えば、個人がSNS経由で発信したメッセージやブログと日銀など公的機関のオフィシャルな発表文書では、単語やセンテンスの選び方、文書の書き方が大きく異なるため、分析アプローチも変わってくるはずである。さらに、文章からどのような情報を読み取るかは、分析する側の意図やスキルによって、大きく異なってくるだろう。その結果、定性情報の分析結果には、情報の発信側の主観と情報の分析側の主観との両方が含まれる。

違い⑤　正確性

経済情報など公にされた情報は、その正確性が非常に高いデータであるといえる。一方で独自に収集したプライベートデータは、その正確性を収集者が担保しなければならない。大量でなくてもそのデータの正確性を1つ1つ確認するためにはコストがかかる。コストをかけて正確性を担保するのか、エラーデータの混入を認めつつ分析していくのかを選択する必要がある。

違い⑥　メンテナンスしやすさ

株価や財務情報といったデータは、客観性が高く、データ配信サービスを利用すればメンテナンスも容易である。一方で、データの収集や加工に、独自の方法論が必要とされるデータの活用も広がっている。例えば、サプライチェーンの情報などは、日々大量のデータが増加し続けるニュースや日中売買情報と比べて、データ量自体は必ずしも大きくはない。しかしながら、これらのデータを企業の公表資料から抽出し、分析が可能な形に仕上げていくためには、大きな労力とノウハウを要する。他にも、有価証券報告書に記載されている、所在地別や事業別財務情報なども、企業によって地域分類、事業分類が異なるため、複数の企業を横比較するためには、独自の加工方法が必要となる。

このように様々なデータが様々な特性を持っており、分析者はこの特性を踏まえた上で分析に臨まなければならない。

4 データガバナンス

1 データガバナンスの目的

ここまで述べてきた通り、金融のデータ分析においてビッグデータは必要不可欠なものになっているが、それに伴いデータを取得 / 加工 / 管理 / 運営 / 利用す

る際のルールも重要になってきている。例えば、「A社についての情報を集めたい」と考えた持株会社が、傘下子会社から関連データを収集したときに、各子会社がA社に付けているIDが一致しているとは限らない。その場合、同一企業に同一IDを付与する「名寄せ」という作業が発生する。この例に限らず、データを共同利用するときには、種類、蓄積する期間や場所、更新頻度、フォーマット、セキュリティ、運営方法など、事前に決めておくべきことは山ほどあり、これらの決め事が明確でない場合、データを利用する側の意思や利便性とは無関係にデータが蓄積されてしまう。ルールを決めずに集められたデータは利用する側にとって使い難いことが多く、価値ある情報を抽出することは困難であると考えられる。これらの課題を解決するためにデータガバナンスという概念が重要となってきている。

　企業にとってデータは人的資源と同様に重要な資産と認識され、管理を怠ると、データ品質の低下、データ収集コストの増大といった業務遂行に支障を来たすリスクが増大することになる。高品質なデータを長期間にわたり適切に管理運営していくことは、企業の意思決定において重要な役割を持つであろう。データガバナンスは、データの管理基準についての統制（計画、監視、実行）を実施することが目的であり、高品質なデータを提供し続けるために非常に大事な役割を担っている。

2 データの管理運営の変化

　分析に利用するデータの変化に伴い、データの運用形態も様変わりしている。3節で述べた、従来分析に利用してきたデータの管理は、主にオンプレミスと呼ばれる、自社内でインフラ環境を構築し運用する手法が主流だった。オンプレミスでは、環境を構築するための導入コスト、維持コストが高くなりがちで、機器の調達などにも期間を要する。従来のように、限られた種類や量のデータ分析であれば、カスタマイズが自由にできるオンプレミスでの運用を採用するのも一案であったと考えられる。

　一方、近年のビッグデータの普及により、従来のオンプレミスでの運用が難しくなってきている。ビッグデータは、テキストデータ、画像データ、音声データなど、データのバリエーションも多く、また従来データと同じ数値データではあるが、リアルタイムデータもあり、取り扱うデータの種類や量が爆発的に増加している。これにより、ハードディスクの増設などインフラ面での対応が追いつかないこと、サーバーの性能が負荷の高い計算に耐えられないことなど、データ分

析に支障を来たすケースが増えてきた。これに対して、近年急速に普及しているのがクラウドコンピューティングである。クラウドは、インフラ環境があらかじめ拡張可能な仮想環境で提供されるため、利用するデータ量や計算負荷に応じて適切な性能のサーバーを必要な台数だけタイムリーに準備することが可能となる。スピードが求められるデータ分析では、環境の拡張が柔軟であることが望ましく、データを利用する側、管理する側双方にメリットがある。また、近年ではクラウドのセキュリティ技術の向上も日々進歩しており、今後、データの運営管理はクラウドに移行していくものと思われる。

3 課題

　ここまで、データガバナンスを実施する目的と、データの運営管理の変化について述べてきたが、データガバナンスの実効性を高めるためには、データ利用の目的を明確にし、それを実現するためのプロセスやインフラの整備、ポリシーやルールの制定が必要となる。さらに、組織全体として進めていくには横断的な役割を持った CDO（Chief Data Officer: 最高データ責任者）やデータガバナンス専任部署などを設置し、実績を把握するための指標を継続的にモニタリングしていく必要がある。

　実際にリスク管理の分野においては、バーゼル銀行監督委員会が2013年に「実効的なリスクデータ集計とリスク報告に関する諸原則」を公表し、対象となる金融機関は示された諸原則を遵守するために様々な対応を迫られている。11 ある諸原則の中でも、「原則 1：ガバナンス」、「原則 2：データ構造と IT インフラ」となっており、本節で述べてきたデータガバナンスの重要性が明確に示されている。

　リスク管理以外の金融業務や研究開発においても付加価値の高い商品やサービスを提供するために、高品質な信頼性のおけるデータを用いることが必須となる。現状を見て最適なデータガバナンスを構築するだけでなく、業務の拡大や新たなデータの取得も睨んで、将来の発展も見越したデータガバナンスの枠組みを整えていくことが必要となるであろう。

3

いろいろな情報を活用した
株式運用

読者の方々はどのような株式運用を行ったことがあるだろうか？長期投資かもしれないし、デイトレードかもしれない。あるいは配当や株式優待を狙った運用かもしれない。世の中には様々な運用方法が存在するが、その多くは値上がりしそうな株を買い、高い価格で売ることを目標としている。しかし、「自分が買う」ということは「誰かが売る」ということでもある。なぜ、このような反対の判断をする人がいるのだろうか。見ている情報が違うのか、情報は同じでも分析した結果が異なるのか、それとも何も考えずにランダムに取引するノイズトレーダーが存在するのか……。

　本章では、このような疑問に答えるために、「情報」が株式運用においてどのように活用されているのかを簡単に説明していきたい。

　なお、1節、2節は株式市場の入門的解説なので、熟知している読者は3節から読み始めても構わない。

 誰が取引しているのか？

　「情報」について説明する前に、どのような投資家が取引に参加しているのかイメージしてもらうため、東京証券取引所の市場参加者について触れておく。通常、自分が買った株は誰が売ったものかを知ることはできないが、JPXの公表している「投資部門別売買状況」を見ると、投資家別の平均的な売買動向を把握できる。

　図3.1は東京証券取引所における投資家別の売買代金シェアを示したものである。「海外投資家」のシェアが年々増加し、最近では60％を占めるに至っている。「個人」の売買シェアは比較的安定して20％程度であるが、「金融機関合計」は株

図3.1　東京証券取引所の投資部門別売買状況（JPX公表値）

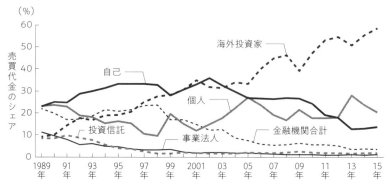

式の持ち合いを減らしているため低下傾向が続いている。また、2010年の東証 arrowhead 導入で取引の高速化が進み、海外勢の高頻度取引が増加したため、証券会社のディーリング業務である「自己」は収益を生みにくくなり、業務の縮小・閉鎖が進んでいった影響が見て取れる。

これらの投資家がどのような売買行動を取っているのか簡単な例を示す。TOPIX の上昇／下落と各投資家の買い越し／売り越しの関係を見るために、「TOPIX の月次リターン×各投資家の売買代金」の値を毎月足し上げたものが図 3.2 である。

右上がりになるのは、
　　順張り：TOPIX 上昇 & 投資家買い越し or TOPIX 下落 & 投資家売り越し
右下がりになるのは、
　　逆張り：TOPIX 上昇 & 投資家売り越し or TOPIX 下落 & 投資家買い越し
のパターンが多いことを示している。

何れの投資家も時期によって順張り／逆張りをバタバタ変化させるのではなく、比較的安定していることが分かる。どのような情報を見て、このような売買行動を取っているのであろうか。

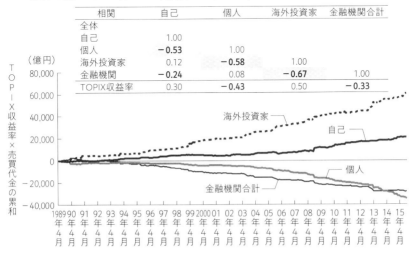

図 3.2　TOPIX 月次リターン×売買代金の時系列積み上げ
　　　（図中の表は TOPIX リターンと売買代金の月次相関）

2 株価はなぜ動くのか？

　多くの投資家は、過去の株価や企業の業績など何らかの情報に基づき、株価の動きを判断して売買を行っている。例えば、「ある企業の新製品の売上が好調なので、継続的な業績成長が株価上昇につながるだろう」と予想して当該銘柄を購入する、といった判断が行われる。ということは、株価に関連がありそうな情報を入手し、それについて投資家がどのような判断をするか予想できれば、ある程度は株価の動きを説明できるのではないだろうか。

　では、株価に関連がありそうな情報とはどのようなものだろう？図3.3に関連があるといわれている情報を整理した。

　図の横軸は、各情報がどのくらいの期間、株価に影響を与えるかのイメージを表している。例えば企業の業績や財務情報など年度や四半期単位での企業の動向を示す情報は、比較的長く株価に影響を与えると考えられ、長期保有を行う投資家に利用されることが多い。一方、日中の値動きや注文情報は、せいぜいその日の株価にしか影響しないと思われるので、デイトレーダーのような短期的な投資家に利用される。このように、投資家によって用いる情報が異なるため、多様な情報が様々な投資家に影響を与え、株価は複雑に形成されていくのである。

　この株価形成のあり方が、インターネットなど新しい情報伝達手段の普及に伴い次第に変化してきている。インターネットが普及する前は、個人の情報入手先は主に新聞や雑誌などの紙媒体であり、電話や対面など人間相手に注文を行う必

図 3.3　株価を動かす情報とその影響期間

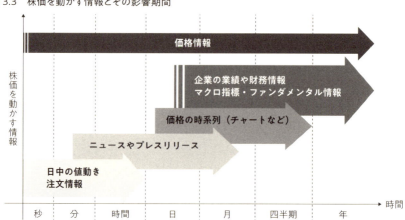

3 いろいろな情報を活用した株式運用

要があったため、情報が株価に反映される速度は比較的ゆっくりであった。しかし、インターネットが普及し、投資家にとって情報入手や取引の発注が容易になったことで、情報の株価への反映は速くなった。このため、株式投資で利益を得る機会を発見することは以前よりも難しくなってきている。一方で、多様な情報へのアクセスが容易になったことから、まだ他人が注目していない情報を利用して有利な投資機会を見つけようとする動きも出てきている。

上記のように情報が広がっている環境下で、どのような運用を行っていけばいいのだろうか？2節では、株価に大きく影響を与えるいくつかの事例を参考に考えてみる。

1 影響力のある個人の情報発信

最初の事例として、フェイスブックやツイッター、インスタグラムなど個人が情報を発信している場所であるSNS（ソーシャルネットワーキングサービス）の影響について見ていこう。様々な人が日々発信する膨大な情報の大半は株価とは何も関係ないが、一部には株価に影響を与える情報が存在していることも確かである。例えば、世界経済に影響を及ぼすような立場にある人物の発言は、株価にも影響を与えるだろう。

2017年1月20日に米国大統領に就任したドナルド・トランプ氏のツイッターを見てみよう。トランプ氏は2017年1月5日の夜（日本時間）、メキシコに新たな工場の建設を計画していたトヨタ自動車をツイッターで批判した。すると翌日

図3.4 トランプ氏のツイート前後のトヨタの株価の動き

41

の1月6日、発言に反応した投資家の売り注文が集まったことで、トヨタ自動車の株価は前日終値比で一時3％以上下落した。図3.4に示したトヨタ自動車の株価チャートからも、トランプ氏のツイート前後における株価の変化がはっきりと確認できる。

この事例のように、強い影響力をもった人物の発言は、企業の株価に大きな影響を与えることもある。近年、一部の企業や投資家は、著名人や政府関係者のSNSアカウントをリアルタイムでモニターし、特定のキーワードを含む発言を検知したら自動的に売買を行うような仕組みを作るなど、SNSの情報は重要視されてきている。

2 企業発表

次に取り上げるのは、企業が発表する情報である。ある企業の売上高や新製品に関する情報は、当然その企業の株価に影響を与える。身近な事例としてミクシィを取り上げよう。ミクシィは2013年にソーシャルゲーム「モンスターストライク」をリリースし、その大ヒットにより株価は大幅に上昇した。図3.5はリリースから約4ヶ月間の株価変化である。リリースから1ヶ月程度は株価の変動は大きくなかったが、アプリの売上ランキングが上昇するにつれ、株価は上昇していった。さらに、12月初頭にミクシィがプレスリリースでユーザー数30万人超えを発表したことで株価上昇は加速し、一時は9,000円を越える高値をつけた。これは、アプリのランキングやユーザー数の上昇を見た投資家が今後の売上の伸

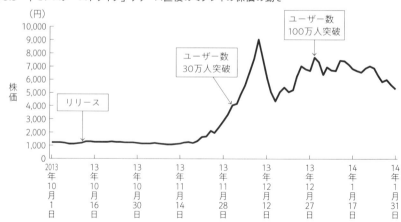

図3.5 「モンスターストライク」リリース直後のミクシィの株価の動き

びを期待して株を購入した結果、株価が上昇したものと考えられる。

この事例以外にも、買収、業績発表、不祥事など企業が行う様々なプレスリリースは、株価に大きな影響を与える情報として常に投資家に注目されている。

3 経済全体の動き

個人や企業の影響だけでなく、国の景気などの経済全体の動向も株価に影響を与える。例えば、日本が不景気に陥れば日本企業の株価は低迷し、リーマンショックのような世界的な金融危機が起きれば世界中の株価が大きく下落することが想像できるであろう。このように、地域・国、そして世界全体と様々な単位での経済活動がそれぞれ株価に影響を与えている。

国全体の経済状況を表す指標であるGDP（国内総生産）を例にとって、経済全体の動きが株価に与える影響を見てみよう。GDPの変化は経済成長率を測るのによく用いられ、GDPが増加していればその国の株価は長期的には上昇することが期待される。実際、そのような関係が過去に成り立っていたかを確認するために、主要国の名目GDP成長率と株価リターンの関係を計算したのが図3.6である。

図から、GDP成長率が高いほど株価リターンも高い傾向が成り立っていることが見てとれるだろう。特にBRICS（ブラジル、ロシア、インド、中国の4ヶ国）に含まれる成長国は、GDP成長率、株価リターンともに20％近い高い値をとっ

図3.6 1993～2016年の名目GDP成長率と株価リターンの関係
（欧州は主要4カ国、アジアは主要3カ国の平均）

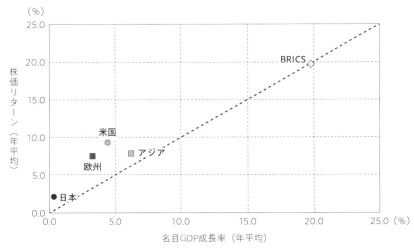

ている。また、90年代以降GDP成長率が低かった日本の株価リターンが低い様子も観察される。

このように、GDPのような経済全体の動きに関わる重要指標は、長期的には株価との関連性が強いと考えられるため、指標が発表される日には多くの投資家が注目するなど影響力は大きい。

4 海外市場の影響

ここまでの3例は、いずれも読者の方々には想像しやすい例だったかもしれないが、株価に影響を与える情報はそれ以外にも多岐にわたっている。その中で1つ、日本の株式市場がある意味で米国の株式市場に踊らされている、という面白い例を見てみよう。

準備として、日本の株価指数であるTOPIXと米国の株価指数であるS&P500について、いくつかの計算方法によるリターン（ある時点から別のある時点までの株価変化率）を定義しよう。まず、前日の終値（市場終了時の株価）から当日の終値までの変化率を"日次リターン"と呼ぶことにする。ニュースでよく報道されている前日からの株価変化率のことである。次にこの日次リターンを、図3.7のように、日中リターン（株式市場が開いている時間帯の株価変化率）と夜間リターン（市場が閉まってから翌日に開くまでの株価変化率）に分解する。図3.7中の太い棒線が各国で株式市場が開いている時間帯を表しており、その時間帯のリターンが日中リターンに当たる。日次リターン ＝ 日中リターン ＋ 夜間リターンという関係になる。

日中リターンと夜間リターンは計測する時間帯が違うだけであり、一見すると

図3.7　各リターンの定義

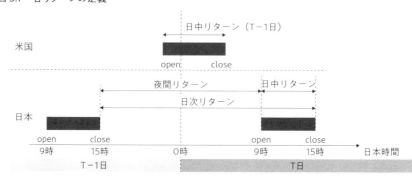

この分解に何の意味があるのかと思われるかもしれないが、この2種類のリターンは特徴が大きく異なるのである。日中リターン、夜間リターン、日次リターンの3種類それぞれを毎日足し合わせたものがどういう動きをするかを表したのが図3.8である。

この図を見ると、夜間リターンは上昇し、日中リターンは下落しているので、日本の株式市場は市場が開いていない間に上昇し、市場が開いている間は下落する傾向にあるということになる。

この理由を解明するのは難しいが、1つの仮説として、先ほど述べた各国の株価指数とGDPの連動性が影響している可能性がある。図3.6を見ると、米国のGDP・株価指数は日本より上昇傾向にあることが分かる。日本の株式市場が閉じている間は米国の株式市場が開いているので、米国の株価上昇に釣られてTOPIXの始値が高くなることが多く、従って日本の夜間リターンも高まったと考えられる。その反動として、日中リターンは低くなった、と考えると図3.8の動きも説明がつくだろう。

実際にTOPIXの各リターンと米国のS&P500の日中リターン（前日）との相関を年別に計算してみると、TOPIXの夜間リターンとS&P500の日中リターンは相関が高く、2000年頃からは0.7〜0.8程度の高い相関を保っていることがわかる（図3.9参照）。

これは、TOPIXの始値が前日の米国の影響を受けて決定されていることを示唆していると解釈できる。一方で、TOPIXの日中リターンとS&P500の日中リターンの相関は0前後と低い。これは、TOPIXの低い日中リターンが、米国から影響を直接受けたわけではなく、TOPIXの夜間リターンなどを介して間接的

図 3.8　TOPIX の各リターンの時系列積み上げ（累和リターン）

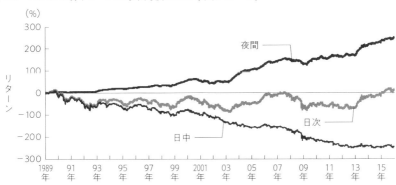

図 3.9　TOPIX の各リターンと米国の S&P500 の日中リターンとの相関

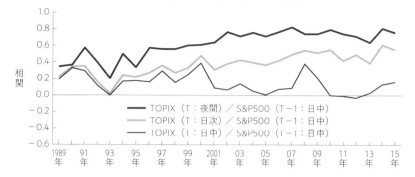

に影響を受けたと解釈できる。いずれにしても、米国の動きに反応して夜間と日中でリターンが上下しているので、「踊らされている」という表現はあながち間違いではないであろう。なお、このグラフを見て「日本市場では、引けで買い、寄りで売れば儲かる」と思うかもしれないが、現実には売買手数料などが影響するため、簡単に儲かるわけではない。とはいえ、こうした情報が株価に影響していることを頭に留めておくのもよいだろう。

3 株価に関係する多様な情報

　前節で見てきたように、株価変化の裏には、多くの場合において何らかの情報が関係している。この節では、株価の変化に関係する情報を「ファンダメンタルズ」「テクニカル」「センチメント」「アノマリー」の4種類のキーワードに分けて見ていく。株価の変化に関係する全ての情報がこの4種類に分類できるわけではないが、大半はいずれかに分けられるだろう。

1 経済・企業の基礎的要因　〜ファンダメンタルズ〜

　まず、代表的な情報としてファンダメンタルズがある。株式や為替の投資経験者であれば、この語を耳にしたことがあるだろう。ファンダメンタルズとは、国や企業などの経済活動の状況を表す基礎的な要因のことである。一企業を対象にするのであれば、企業の売上や利益を指し、国を対象にするのであれば、経済成長率や失業率などがファンダメンタルズにあたる。ファンダメンタルズは、対象とする経済の規模の大きさによって、マクロ・セミマクロ・ミクロの3つのレベルに分けることができる。

まず、世界全体や国といった大きな規模の経済状態を対象とするのがマクロ情報である。2節3項で取り上げたGDPは、代表的なマクロ情報の1つである。マクロ情報への投資家の注目度は高く、特に重要指標の発表前後では、株価が大きく動くことも多い。

次に、業種や地域といった中程度の塊の経済状態を対象とするのがセミマクロ情報である。例えば、鉄鋼の生産高、関東地方の有効求人倍率などがセミマクロ情報にあたる。特定の業種や地域のセミマクロ情報が大きく変動する際には、その業種や地域に属する企業が影響を受けると考えられる。

最後に、企業や家計といった一番小さな単位の経済状態を対象とするのがミクロ情報で、代表的なものとして企業の売上高や利益がこれにあたる。前節2項で挙げたミクシィは、ミクロ情報によって株価が変化した事例である。ミクロ情報からは、企業に関する様々なことを読み取ることができるが、一例として、企業の信用リスクが挙げられる。信用リスクとは、簡単にいえば借りたお金を返せなくなる可能性のことであり、銀行が資金の融資を行うかどうかを判断する際に重要なポイントとなるのは言うまでもないだろう。この信用リスクの評価には、企業の財務情報のようなミクロ情報が用いられる。

② 株価変動のパターン　〜テクニカル〜

次に、テクニカルについて説明する。テクニカルは株価の動きや需給といった、過去の時系列的な動きから作成されるもののことである。投資家の中には、最近株価がずっと上昇しているからまだ上昇するだろうと考えて株を買う、あるいはそろそろ下がるだろうと考えて売る、といった判断を行っている者も少なくないだろう。こうした投資家は、過去の株価上昇というテクニカルな情報を使って株式投資を行っているといえる。

前項で述べたファンダメンタルズとこのテクニカルは、企業そのものを見るか株価を見るかという対象の違いがあるため、どちらの情報を使って判断を行うのが良いか比較されることがある。しかしながら、ファンダメンタルズが国・企業の経済状態を見ている中長期的な視点の指標であるのに対し、テクニカルはもっと短期的な視点から株価の動きを捉えた指標であり、この2つの情報には明確な優劣があるわけではないので、投資手法や運用のコンセプトに応じて用いる情報を使い分けることが重要であろう。

テクニカルを用いた株式投資では、過去の株価動向を分かりやすく数値化した指標がよく利用される。例えば、移動平均（MA：Moving Average）は過去一定

期間の株価を平均した代表的なテクニカル指標である。移動平均は、現在の株価との比較や、複数の移動平均との比較により、株価の相対的な状態を測るためによく用いられる。

図3.10で5日と20日の移動平均を比較すると、5日の移動平均線がしばらく20日移動平均線の下にある（5日の移動平均の方が低い）が、図中の矢印で示した時点で移動平均線が交差している。このような、短期の移動平均線が長期の移動平均線を上向きに交差する現象は、テクニカル分析の世界ではゴールデンクロスと呼ばれており、株価の方向性が上昇に転じるシグナルとして昔から広く知られているものである。

移動平均のほかにも、さまざまなテクニカル指標が存在しており、広く用いられているものだけでも数十種類はある。例えばRSI（Relative Strength Index）やVR（Volume Ratio）は、株価と売買高を組み合わせて、株がどんなときに多く買われたか・売られたかに注目することで、売買の過熱感（買われ過ぎ、売られ過ぎ）を測るための指標である。テクニカル指標の多くは、現在の株価のトレンドや過熱感を測るものであり、投資家の売買判断に用いられている。

3 投資家心理 〜センチメント〜

続いて、センチメントについて説明しよう。投資家はファンダメンタルズやテクニカル以外にも様々な情報から影響を受け、相場状況について弱気・強気の見方をすることがある。このようなマーケットについての投資家の考え、すなわち

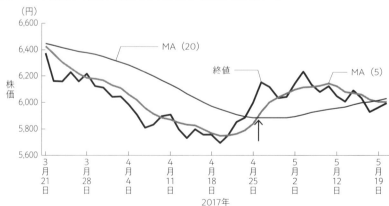

図3.10　トヨタ自動車の株価の動きと5日移動平均&20日移動平均

「市場心理」を「センチメント」と呼んでいる。

では、どのような情報が投資家のセンチメントに影響を与えるのだろうか？投資家はアナリスト予想やSNS・ニュースなど様々な情報を収集しており、多様な情報によりセンチメントは更新される。ただし、情報の受け取り方は人それぞれ異なるため、どの情報がセンチメントを大きく動かすか分からない。

投資家のセンチメントによって株価が変動する極端な例としてバブルがある。バブルとは、ファンダメンタルズに基づく評価価格と市場で投資家が付けている価格が大きく乖離する現象のことであり、日本でも何度も起きている。「皆がこの株を買っているし、まだ上がるだろうから自分も買おう」といった投資家の楽観的なセンチメントがバブルを生む一因と考えられる。

ここでは一例として、2000年前後に起こったITバブルについて触れておこう。これは、ITベンチャー企業などの株価が急激に上昇し、その後暴落したという一連の出来事である。このITバブルがどれくらいの規模のものだったかを見るために、図3.11にITベンチャー企業を含む情報・通信業の株価指数とTOPIXを重ねて示した。1998年の終わり頃までは情報・通信業の指数値とTOPIXはほぼ同じ動きをしていたが、そこから情報・通信業の指数値が急激に上がっていたのが分かるだろう。

ただし、株価が上昇していても、その上昇がファンダメンタルズを反映していたものであれば、バブルとは言わない。そこで、情報・通信業のPBR（株価純資産比率）に注目し、ITバブルがファンダメンタルズを反映していたかどうかを見

図3.11 情報・通信業とTOPIXの累積リターンの推移
（1997年1月～2002年12月。1997/01を0%として計算）

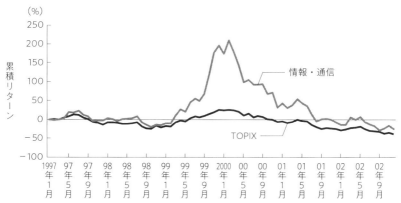

てみる。なお、PBRは株価を企業の純資産で割ったものであり、株価が企業のファンダメンタルズに比べて割高かどうかの判断によく用いられる。情報・通信業と全銘柄それぞれの平均PBRを描いたのが図3.12であり、情報・通信業のPBRは恒常的に全銘柄のPBRよりも高く、さらにその差が2000年付近で大きく広がっていたことが分かる。一般に、将来における株価上昇への期待が大きいとPBRは高くなる傾向にあるので、この時期の情報・通信業に対する市場の期待は非常に高かったと言えるだろう。ただし、2000年1月前後のPBR 8～9倍という水準は、投資家の楽観過ぎるセンチメントを反映して平均から大きく乖離しており、その後の数年で情報・通信業の株価とPBRは大きく低下することとなった。このように、株価の大きな変動がファンダメンタルズを伴わず、投資家のセンチメントによって引き起こされた場合、いずれ株価は適切な水準へと収斂していくことが多いので注意が必要である。

上記のように、投資家のセンチメントは株価に影響を与える重要な情報の1つである。この例では、PBRの推移から間接的に投資家のセンチメントを見積もったが、実際には、投資家が今どのような考えなのかを直接捉えることはなかなか難しい。投資家の考えは言葉や文字で表現されることが多いが、これらはファンダメンタルズやテクニカルとは違って数値化されていないことが多いので、「この情報はこれくらいセンチメントに影響を与える」と定量的に評価しにくいのがその理由である。ただし、近年では情報処理技術の進歩に伴い、ニュースやSNSなどの文字情報を「テキストマイニング」と呼ばれる手法で解析し、投資家のセンチメントを定量化するような試みも行われている。

図3.12　情報・通信業と全銘柄（東証一部）の平均PBRの推移（1997年1月～2002年12月）

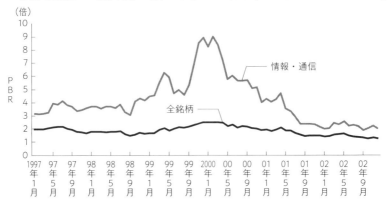

4 説明できない規則性 〜アノマリー〜

「なぜ株価が変化したのか」という問いに対して、ファンダメンタルズやテクニカルを用いて説明する理論的な研究もあるが、理論では説明できない規則性を持つ「アノマリー」と呼ばれる現象も市場には存在する。

よく話題に挙がるアノマリーに、特定の季節に株価が上がる、あるいは下がるという「株価の季節性」があり、その要因として様々な説が提唱されている。株価の季節性を表す「Sell in May」という有名な格言があるが、これは、5月に株が高値をつけやすいので売るのがよいという、米国では広く知られている経験則である。といっても、日本で本当にこのような季節性が存在するのか、疑いたくなる読者もおられるだろう。そこで確認のために、TOPIX に連動する商品をある月から6ヶ月保有したとき、それぞれのリターンを調べたのが図 3.13 である。図 3.13 の一番左の棒グラフは、4月〜9月の6ヶ月間保有した場合の平均リターンを表しており、値は少しマイナスなので、この期間に保有すると平均的には若干損することを意味している。この図 3.13 より、11月〜4月の平均リターンが最も高く、過去においてはこの時期に株を保有するのがよかったことが分かる。逆に、5月〜10月の平均リターンが最も低かった。つまり、5月頃に売るのが良かったといえる。ただし、これは長い期間を平均した結果であり、年度によっては成り立たないこともあるので注意が必要である。

他にもアノマリーには様々なものが存在する。月曜日の株価は他の曜日と比べて低くなりがちといった曜日効果や、夏枯れ相場、年末相場といった特定の季節

図 3.13　配当込み TOPIX の6ヶ月間の平均リターン（投資開始月別）
　　　　（データ期間は 1989/07 〜 2017/11）

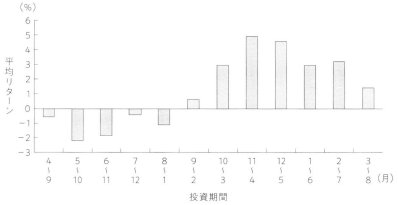

における規則性が株式市場で観測されることも報告されている。

　アノマリーが広く知れ渡ると、例えば「5月が高値だから、今月のうちに売っておこう」と投資家のセンチメントに影響を与え、実際に株を売ることで、さらにアノマリーの傾向が強まる、といった再帰的な関係を生み出してしまうので、なかなかアノマリーは解消しないのかもしれない。

4 情報から株価を予測する〜AIを用いた株式運用〜

　情報や株価の定量分析に基づく「クオンツ運用」は1990年代には既に広まっていたが、2節で述べたように、近年、用いる情報ソースの拡大などに伴い株式投資の方法は大きく変化してきている。どう変化したかのイメージを示したのが図3.14である。まず図の上段、白い矢印で示したのが、従来のクオンツ運用の典型的な分析フローで、売上高や利益（ファンダメンタルズの情報）、株価（テクニカルな情報）といった数値情報を元に情報と株価の関係性を見出し、リターンの獲得が期待できる銘柄に投資していた。一方、図の下段、黒い矢印で示したのが近年の分析フローで、情報ソースの拡大とAI（人工知能）をはじめとする情報分

図3.14　情報を用いた投資方法の変化のイメージ図

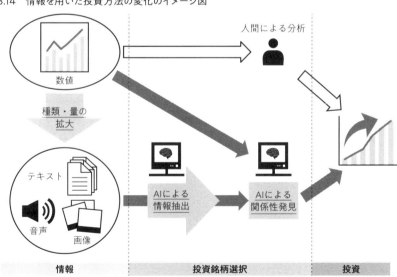

析技術の活用が大きな違いとなっている。

　具体的にどのように変化したかについて述べる前に、変化が生じた背景について触れておきたい。情報収集にコストがかかっていた時代は、充実した情報インフラを持つ投資家の方が優位な立場にあったかもしれないが、情報化社会の発展に伴い、各投資家が同じような質と量の情報を素早く入手できるようになったため、他者を超える利益獲得につながるような情報格差を生み出すことが難しくなってきている。図 3.15 に情報の広まる速度と株価変化のイメージを示した。新しく出た情報がゆっくり投資家に広まる場合、左側の図のように情報は株価へゆっくりと反映される。したがって、図中の時点 t で発表された情報をいち早く手に入れて関係性を見出し、時点 t＋1 で株を購入できた投資家は利益を獲得できる。しかし、皆がすぐに情報を入手できるようになると、右図のように情報は急速に株価へ反映されるため、左図と同じ速度で情報を入手し、時点 t＋1 で株を購入しても利益を得ることは難しい。

　他者を超える利益を得るには、情報をより速く入手し、値上がりする前に購入することが必要であるが、速くするにも物理的に限界があるため、別のアプローチとして、情報ソースの拡大と情報分析技術の活用が投資家の分析フローに取り入れられるようになってきているのである。

　では、図 3.14 における 2 つの変化について見ていこう。まず、情報ソースの拡大であるが、ここでいう拡大には、情報の種類と量の両方の意味が含まれている。あまり他の投資家が見ていない情報であれば株価への反映速度が比較的遅いかもしれないので、従来の数値データに加えて多種多様な情報を収集し、株価に影響を与える注目度の低い情報を探し出す動きが近年活発になっている。例えば、

図 3.15　情報が反映される速度と株価変化のイメージ

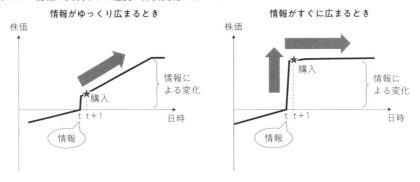

ニュースや決算短信、SNS などのテキスト情報、企業の電話会議による決算報告（カンファレンスコール）などの音声情報、衛星写真などの画像情報、記者会見のような動画情報、といった数値以外の情報が挙げられる。

　これらの多様な情報と株価にはどのような関係性があるだろうか？例えば、ニュースでは極端な意見を述べることは少なく、3 節 3 項で述べたセンチメントのような周囲の空気を読んだ情報が含まれることが多いため、相場や銘柄の方向感との関係性が見られる。また、企業が行う決算報告や記者会見については、映像や音声から表情や言葉の抑揚を分析することで経営者（発表者）の心理を読み取り、将来の株価との関係を調べる研究も存在している。さらには、施設の稼動度合や来客数を推計するために衛星写真を用いるアプローチも近年登場している。このような情報ソースの拡大は発展途上ではあるが、うまくいけば非常に効果があるため、情報をより広く早く集めようとする動きはしばらく止まることはないだろう。

　とはいえ、集めた情報をそのまま株式投資に使うことはできず、株価との関係を見つける必要がある。しかし、多様かつ大量の情報から人間が関係性を探り出すのは非常に困難であり、大量のニュースを 1 件 1 件読んだり、写真 1 枚 1 枚について車の台数を数えたりする作業をやってみたいとはとても思えないだろう。人間の脳の記憶容量は約 1 ペタバイトだという研究があるが、運用会社の扱う情報量は数ペタバイトを超えており、拡大しつづける情報への対処は文字通り人の手に負えなくなってきているのである。

　ならば、人間ではなく、コンピュータに作業を任せるのはどうだろうか。数値情報をコンピュータで分析するのは以前から行われていたが、テキストや画像の意味するところをコンピュータに理解させるのは技術的に難しい状況であった。この問題の解決の糸口となったのは、ここ数年で目覚しい発展を遂げている AI であり、コールセンターでの自動応答、自動運転の開発など、社会の各所で実用化に向けた取り組みが始まっている。特に文章や画像の解析に強みがあり、膨大なニュースを読み込んでセンチメントを数値化する、写真から瞬時に車の台数をカウントして輸出量を推定する、など株式投資において利用可能な情報の抽出にも用いられている。

　さて、ここまでで数値情報や非数値情報から株価と関連があるかもしれない情報を多く抽出することができたとしよう。これらの中から株価と関係のある情報を発見できれば、株価の上昇／下落が期待される銘柄を知ることができるが、近年の株式市場は様々な情報によって複雑な動きを見せるようになってきており、

情報と株価との関係性を見出すのは決して簡単ではない。特に、株価との関係性がよく知られている情報については、図3.15のように株価にすぐに反映されてしまうことが多いため、皆がまだ気づいていない関係性を見出す必要がある。

多様な情報と株価の間に存在する複雑な関係性を発見するための技術として、ここでもAIや機械学習が近年脚光を浴びている。

図3.16のように、過去に観測されている様々な情報と株価データをペアにしたものからAIや機械学習を用いて有用な関係性を学習し、直近の情報をインプットすることで将来の株価を予測するのである。

株式投資に情報を用いる様々な場面で、AIや機械学習が用いられるようになってきているが、特にここ数年、海外を中心にAIを用いたヘッジファンドが好調なパフォーマンスをあげて残高を伸ばしており、AIを用いた運用は注目度を増している。AIや機械学習は、理論面でも応用面でも急速に発展が進んでおり、情報処理の速度や精度、分析結果に基づいた投資判断などが他の投資家より優位であれば、良いパフォーマンスにつながる可能性があるだろう。表3.1にあるように、日本においてもAIや機械学習を活用するファンドが、2016年から2017年にかけて運用を開始し、利用するデータや手法により、既存ファンドとの差別化を

図 3.16　AI による株式投資のイメージ

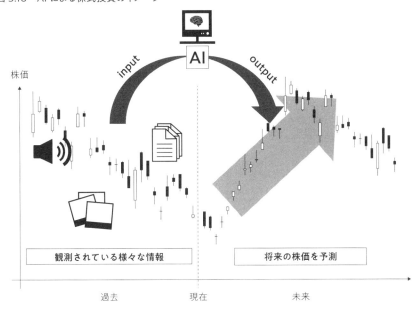

表 3.1 日本における AI を活用した代表的なファンド

運用会社	名称	主な利用データ	開始日
三菱UFJ国際投信	AI日本株式オープン (絶対収益追求型)	● ニュース ● 企業発表	2017年2月1日
アストマックス 投信投資顧問	Yjamプラス!	● ニュース ● Web検索量	2016年12月20日
アセットマネジメントOne	ビッグデータ活用 日本中小型株式ファンド	● 新聞 ● ニュース	2017年1月31日
ゴールドマン・サックス・ アセット・マネジメント	GSビッグデータ・ ストラテジー (日本株)	● アナリストレポート ● 議事録 ● ニュース ● Webアクセス量	2017年7月5日

図っている。

　ただし、株式投信の総運用額が数十兆円あることを考えると、AIをメインに活用したファンドはまだ日本ではそれほど広まっていない。AIが出した結果の解釈の難しさなど明確な欠点が残っていることがその理由だろうが、AIの研究が進んでいけば問題点は徐々に解決されていき、さらに新しい技術が活用されていくと思われる。

5 本章のまとめ

　本章では株式運用がどのように行われるのかを、情報の観点で整理した。株式市場は非常に複雑であり、本章で説明した内容はその一端に過ぎないが、読者の参考になれば幸いである。

　今後ますます注目を浴びるであろう AI を用いた株式運用についても簡単に紹介したが、AI を用いるメリットとデメリットについて、もう少し述べておきたい。まず一般論として、AI は情報を機械的に処理して結果を出すので、人間のように好みや感情に振り回されることがないというメリットがある。一方、デメリットとして、データと結果の間の関係性が複雑で、人間には解釈することが難しい場合もある点が挙げられる。また、学習用のデータを準備するのは人間であるため、バイアスのあるデータを用意すると期待する結果が得られないこともある。「大量のデータを与えて学習させればよい」といった安易な AI の利用には注意が必要である。

　運用の世界においても、上記のメリット、デメリットは同様である。株式市場

の参加者や経済状況は常に変化しており、過去のデータからうまく関係性を学習できたとしても、今後も同様の傾向が続くかどうかは分からない。しかし、収益を向上させる可能性が残されている限り、情報ソースの拡大と分析技術の高度化、IT インフラの整備は今後も終わることなく続けられ、必要な情報をタイムリーに利用できる環境はさらに進化していくであろう。

　そのとき、人間と AI はどのような関係になっているのであろうか。株式運用にうまく情報を活用しているのはどちらであろうか。

4

企業間ネットワークと
情報の伝播

1 企業間における様々なつながり

1 ネットワークとは何か？

　企業は商品を作るために様々な企業と取引を行っている。トヨタなどの自動車メーカーを考えた場合、完成車を作るために車体、エンジン、タイヤといった多くの部品を調達する必要がある。このように企業はサプライチェーン関係（企業間の取引関係）を通じて企業活動を行っている。図 4.1 は日本の自動車メーカー 3 社のサプライチェーン関係を図示したものである。図中の〇は各企業を表し、〇の大きさは取引企業の数と比例している。また矢印の向きは商品やサービスの流れを示している。これら 3 社のサプライチェーン関係でさえ複雑に絡み合っていることが分かる。全ての企業間の取引をネットワークとして構築した場合には膨大な数にわたり、これらを把握することは簡単でないことがお分かりいただけ

図 4.1　日本の自動車メーカー 3 社を中心としたサプライチェーンネットワーク

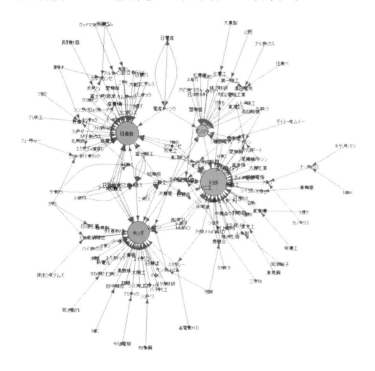

4　企業間ネットワークと情報の伝播

るだろう。ただ、この複雑に絡み合った企業間ネットワークをうまく活用できると、企業分析を深めることができたり、市場のバイアスにも気づくことができるのである。

　企業間のネットワーク構造を考える前に、まずはネットワークに関する基本的な事項から説明しよう。私たちの周りには様々なネットワークと名が付くものが存在している。ネットワークとは何か？具体的にどのようなものがネットワークとして挙げられるか？などと問われたらどのように答えるだろうか。ネットワークはnet（網）とwork（製作品）の2つの意味に分けられ、ネットワークとは網状の製作物という意味となる。例えば、インターネット、SNS（ソーシャルネットワーキングサービス）、電車の路線図、飛行機の航空経路、知人関係、企業間の取引関係など、具体例は枚挙にいとまがない。このように世の中に存在している様々な事柄はネットワークとして表現することができる。ネットワーク構造を定量化して、ネットワークを解析することは、世の中の様々なつながりを通じて生じる現象を説明することを可能にする。

　昨今はビッグデータが巷に溢れ、様々なネットワーク情報が容易に手に入り、ネットワーク構造に着目した分析を行うには望ましい環境である。一方で分析を行うにあたり、ネットワーク構造を適切に定量化する技術の習得や利用するデータの選別などが重要となる。

　本格的なネットワーク理論に関する解説は他の専門書に譲るとして、ここでは企業間ネットワーク構造を紐解くのに必要となる基本的な知識およびネットワーク構造を定量化する指標について、ネットワーク理論の歴史も交えつつ紹介しよう。

　インターネットが世の中に広く普及してから約20年くらいであることを考えると、ネットワーク理論の歴史はそれほど長くはないと思われるかもしれないが、ネットワーク理論の歴史は古く、グラフ理論から遡れば300年近い歴史がある。その中でも最も古いネットワークの題材として、ケーニヒスベルグの橋問題がある。この問題を通じてネットワークの構成要素について説明する。ケーニヒスベルグの橋問題とは「図4.2のようなa~gの7つの橋が架かっている町について、各々の橋を1度しか渡れないとするルールに従い、スタート地点から出発してスタート地点に戻ることができるか？」というものである。オイラーはこの問題を簡略化するためにネットワーク理論を用いて、図4.3のようにA～Dの土地をノード（点）、a~gの橋をリンク（線）としてケーニヒスベルグの町をネットワーク図に変換した。図4.3の全てのリンクを1回ずつ通る問題に置き換え、そのよ

61

うな道筋が存在しないことを示した。ここで重要なことは世の中に存在している複雑な関係であっても、このネットワークのようにノードとリンクの組み合わせで構成されるということである。ただし、リンクは方向や結びつきの強さなどを持っている場合もある。

　世の中の複雑な関係性をネットワークに変換し、分析するためには高性能の計算機とそれを使いこなす能力が必要である。近年、それらを兼ね備えた物理学者が複雑なネットワークを解析すべくこの分野に参入し、発展を遂げた。これによりネットワーク分析において、いくつかの重要な性質が発見された。この中でも有名なネットワークの性質はスケールフリー、スモールワールドである。スモー

図 4.2　ケーニヒスベルグの橋問題

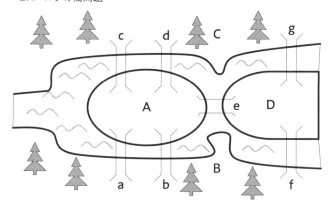

図 4.3　ケーニヒスベルグの橋

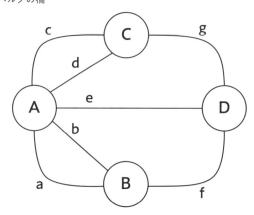

ルワールドについては本書で直接的に触れることはないため、詳しい説明は省くが、興味のある読者は他の専門書を参照されたい。もう1つのネットワークの性質である、スケールフリーとは簡単に述べると、一部のノードが他のたくさんのノードとリンクでつながり（このようなノードをハブと呼ぶ）、それ以外の多数のノードはわずかなノードとしかつながっていないという性質である。我々の身近に存在するスケールフリーの例でいえば、全ての人間が等しい数の知人関係を有しているのではなく、行動が積極的で多くの人々とつながりを持つことを好む人もいれば、小さいコミュニティの中で深いつながりを好む人もいるといったものである。つまりハブとなるノードを探し出すことができれば、あるネットワーク構造において重要な位置を占めるノードを把握することができる。このようなノードを把握するための指標が中心性と呼ばれるものである。

　実際の日本国内の航空路線をネットワーク図に変換したものが図4.4である。ここで利用しているデータは国土交通省が発表している最新の航空輸送統計年報統計資料から得ている。図4.4を見ると、東京、大阪、沖縄などが多くの空港と結びついていることが分かる。

　この例において、実際に中心性を測ってみよう。中心性を測る方法として、各ノードがリンクを通じて他のノードとつながっている数（次数）を計測する方法がある。このような中心性は次数中心性と呼ばれる。東京は51箇所の空港と結びついているため、次数中心性は51となる。表4.1は次数中心性の上位10箇所の空港を示している。このように各空港の次数中心性は容易に計測でき、ネットワーク上における重要度を測ることができる。また、ネットワーク上においてあるノードを通らなければ他のノードに行けないようなノードが重要という考え方もある。詳しい計測方法については省略するが、このような中心性は媒介中心性と呼ばれる。ここでもう一度、図4.4の例で考えてみると、表4.1のように各空港の媒介中心性を計測できる。大島、調布、八丈島など他のノードに移るために重要な役割を果たすものは媒介中心性が高い。媒介中心性が高い空港の中には、次数中心性が上位の空港も多く見られるが、次数中心性がそれほど高くない空港も見られる。このように計測方法で中心性が異なるため、分析の目的に合った計測方法を選択することが重要となる。本章ではネットワークに関する基本的な概念の説明はここまでで止めるが、興味のある読者はネットワークに関する一般的な著書を参照されたい。

図 4.4　日本国内における航空路ネットワーク

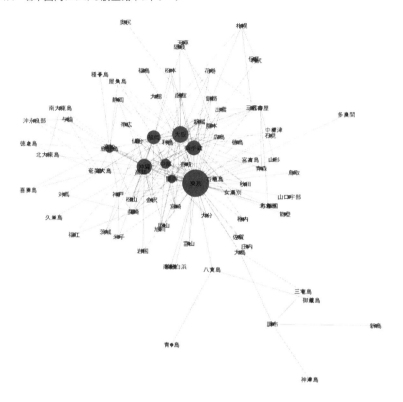

表 4.1　日本国内における航空路ネットワークに基づく各中心性の上位空港

次数中心性			
東京	51	中部	19
大阪	31	関西	16
沖縄	29	鹿児島	16
新千歳	28	仙台	10
福岡	26	奄美大島	9

媒介中心性			
東京	1,904.7	新千歳	328.1
沖縄	492.5	鹿児島	210.5
大阪	480.2	調布	165.0
大島	390.0	八丈島	159.0
福岡	329.3	長崎	137.5

2 企業間に存在するネットワークとは?

例えば自動車製造会社におけるネットワークを考えてみよう。自動車を生産するためには数多くの部品を組み合わせる必要があり、多くの会社から部品を仕入れる必要がある。そして完成した自動車を消費者に販売することで利益を得る。自動車産業の構造をネットワーク図に表すと図4.5のようになる。

図4.5から1つの完成車メーカーに対して多くの企業がつながっていることが分かる。完成車メーカーを頂点としたピラミッド構造の中における矢印の方向は商品の流れを示しており、矢印の始点がサプライヤー企業、矢印の終点がカスタマー企業を表す。このような企業間の取引関係をサプライヤー・カスタマー関係と呼ぶ。

また企業にはサプライヤー・カスタマー以外の関係も存在している。例えば、自動車産業における技術開発に莫大な費用が掛かる場合に、複数の自動車企業で共同開発することがある（図4.5の完成車メーカー同士の双方向矢印）。このような関係をリサーチコラボレーションと呼ぶ。企業の間での関係にはリサーチコラボレーションのほかに、ジョイントベンチャーやライセンス契約などもある。

これまでは、企業間のネットワーク情報を機械的に収集することは技術的に難

図4.5 自動車産業のサプライヤー・カスタマー関係

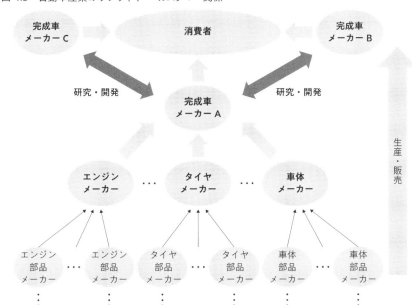

しく、人間の手によって情報を収集しネットワーク構造を把握することが多かった。しかし、人間の手によって収集するには数が多く、企業間のネットワーク情報を全て網羅することには限界がある。

そのため、これまでは個別企業間のネットワークではなく、（産業連関表と呼ばれる）産業間での取引ネットワークのような集約されたデータに関して定量分析を行うことが多かった。近年の技術の発達により、機械的に個別企業間のネットワーク情報を取得することが可能となり、産業連関のような関係性よりも詳細なネットワークを把握し定量的に分析することが可能となっている。

ここで、企業間の取引関係に関するデータの取得方法の一例について簡単に紹介しよう。企業間の取引関係は、財務データと同様にいずれの投資家にとっても利用できる公開情報である。日本における企業間の取引関係は、有価証券報告書の「生産、受注および販売の状況」の項目の中で、主な販売実績の相手先として掲載されている。その企業の売上高のうち 10% 以上がある企業に集中している場合は、その旨の開示が「企業内容等の開示に関する内閣府令」により義務付けられているため、この部分に対してテキストからデータを抽出する技術を駆使して、有価証券報告書に記載した企業（カスタマー企業）を抽出することができる。

例えば、ある企業の評価を行うことを考えよう。企業評価では企業の将来キャッシュフローを推定する必要がある。これらのキャッシュフローは関連する企業から影響を受けるはずであり、その影響を考慮して推定される方が望ましい。企業間の取引ネットワーク情報を利用することで、これが可能となる。

2 企業間の関係を通じた情報の伝播

1 取引ネットワークの構造

前節では企業間のネットワーク構造の簡単な例を中心に述べたが、本節では上場企業間の取引ネットワークの具体的な例を提示し、詳しく見ていこう。

図 4.6 は自動車メーカー 3 社（トヨタ自動車、本田技研工業、日産自動車）と直接取引がある上場企業、さらにこれらと取引がある上場企業、の間にある取引ネットワークを表している。図 4.6 においてノードは各企業、リンクは取引関係、リンクの矢印は製品の流れを示している。先の例でも挙げたが、完成車メーカーは車に用いるあらゆる部品を多くの企業から仕入れている。またこれらの部品供給企業も同様に多くの企業から部品を調達していることがわかる。そして完成した車はディーラーを通じて消費者にわたる。自動車産業ではディーラーは完成車

4 企業間ネットワークと情報の伝播

図 4.6　再掲：日本の自動車メーカー 3 社を中心としたサプライチェーンネットワーク

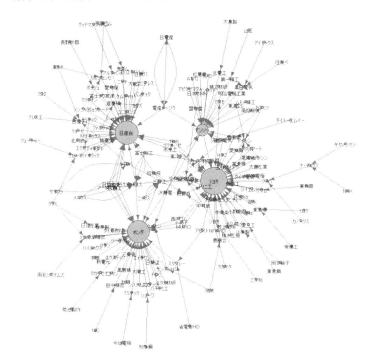

メーカーと親子関係を持っているため上場企業とはならず、図 4.6 には表れない。

図 4.7 は医薬業界各社の企業間取引ネットワークを表している。図 4.7 では大手製薬企業（アステラス製薬や武田薬品工業など）は最終的なカスタマー企業としてではなく、薬品卸企業（メディパルホールディングスやアルフレッサなど）のサプライヤー企業として示されている。最終的な消費者にわたる際に、卸売の上場企業を介している様子が見られる。

図 4.6 や図 4.7 に示した企業間取引ネットワークでさえ企業間の取引関係はかなりの数に上る。これらを人間の手によって管理収集することが困難であることは想像に難くない。一方でこれらの情報を管理収集し定量化することで、財務データなどの構造化データとは異なる情報が得られる可能性がある。

2　取引関係のある企業の売上高と株価

先に挙げたトヨタ自動車を中心とした取引ネットワークを利用して、トヨタ自

図 4.7　医薬業界のサプライチェーンネットワーク

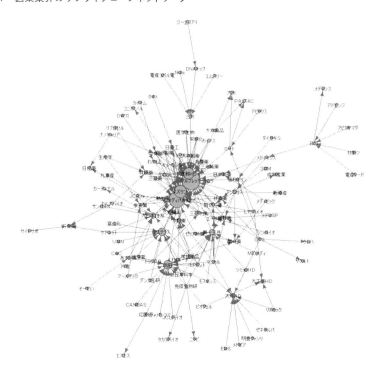

動車の自動車生産台数がサプライヤー企業の売上高にどの程度影響を及ぼすのかを確認しよう。トヨタ自動車に対する売上比率が高い企業として大豊工業が挙げられる。大豊工業はベアリング（軸受）やダイカストなどを提供するサプライヤー企業である。大豊工業を例として取り上げ、自動車生産台数と売上高の関係を確認する。

図 4.8 は 2002 年から 2016 年までのトヨタ自動車の世界自動車（乗用車）生産台数と大豊工業の各年度における売上高の関係を表したものである。自動車生産台数と大豊工業の売上高の関連が強い様子が見られ、トヨタ自動車の自動車生産台数が 2008 年でボトムをつけているのに対し、大豊工業の売上高は 2009 年でボトムをつけているのが見てとれる。大豊工業の売上高や利益は四半期に開示されるのに対し、自動車生産台数の情報は毎月開示されているため、トヨタ自動車の自動車生産台数は大豊工業の将来の売上高もしくは利益に対する先行指標となりうる。

4　企業間ネットワークと情報の伝播

図 4.8　トヨタの自動車世界生産台数と売上の関係

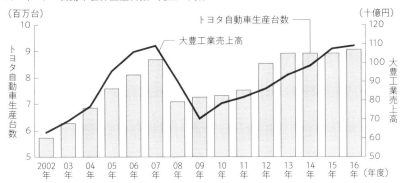

図 4.9　大豊工業とトヨタ自動車の株価の推移

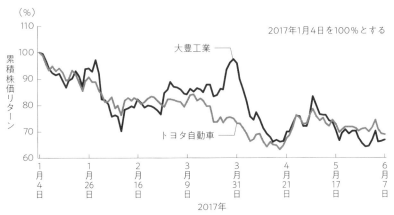

　トヨタ自動車と大豊工業の株価の関連性についても確認してみる。図 4.9 は 2017 年 1 月を始点とした場合のトヨタ自動車と大豊工業それぞれの株価推移を表しており、両社の株価の動きが似ていることがわかる。ではトヨタ自動車のようなカスタマー企業の株価変化が、大豊工業のようなサプライヤー企業の「将来の」株価変化に対しても先行指標となり得るのだろうか？次節ではこの点について見ていく。

3　カスタマー企業の株価とサプライヤー企業の株価

　ここでは、カスタマー企業の株価が変化した（もしくはニュースが公表された）とき、そのサプライヤー企業の株価の反応を確認する。

任天堂のサプライヤー企業を例に挙げ説明する。任天堂の主なサプライヤー企業は表 4.2 に挙げた企業である。ここで販売比率とは、個々のサプライヤー企業の売上高に占める特定顧客（この例では任天堂）に対する売上高の割合を表す。この販売比率によって、サプライヤー企業からみたカスタマー企業に対する取引関係の強さを知ることができる。表 4.2 によると、ホシデンはミツミ電機よりも販売比率が高いため、任天堂との関係がより強いといえる。

任天堂は 2016 年 7 月にポケモン GO をリリースし、日本中がポケモン GO ブームとなったのは記憶に新しい。任天堂の株価はこの件に関するニュースが出るたびに大きく動いた。ではポケモン GO に関係するニュースが、任天堂のサプライヤー企業の株価に対してどのような影響を及ぼしたのだろうか？また、関係が強いサプライヤーと弱いサプライヤーとで、任天堂から受ける影響に差異が生じるのだろうか？。

表 4.2　任天堂のサプライヤー企業

銘柄コード	企業名	関連商品	販売比率
6804	ホシデン	コネクター、スイッチ	50.5%
6767	ミツミ電機	電子部品	19.8%
・	・	・	・
・	・	・	・
・	・	・	・

図 4.10　任天堂とサプライヤーサプライヤー企業の株価の推移

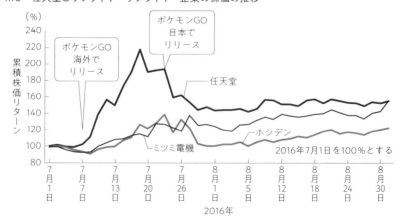

図4.10は任天堂、任天堂のサプライヤー企業であるホシデンおよびミツミ電機（現在は経営統合し、ミネベアミツミ）の株価の推移を表したものである。各企業の株価の推移を確認すると、任天堂の株価は海外でのポケモンGOリリースによる期待から大幅に上昇し、その後日本でのリリースを経て下落している。任天堂との取引関係が強いホシデンの株価も、変化の幅は小さいものの、任天堂とほぼ同時にニュースに対して反応している。したがって、このような株価の推移から任天堂とホシデンの関係は株式市場において広く認知されていると考えられる。

一方で、ホシデンよりも任天堂との取引関係が弱いミツミ電機の株価は、同時にニュースに反応するのではなく、ゆっくりと情報が株価に織り込まれているように見える。このようなラグが生じる理由は、株式市場が2社間の関係を十分に認知しておらず、徐々に認知が進むことで次第に株価に織り込まれたためと考えられる。

また、次のような別の理由も考えられる。金融市場では多くのニュースが発生するため投資家は十分な情報処理能力が求められる。その中で影響の小さい情報は後回しにすることにより情報処理の負担を軽減することもあると思われる。任天堂とミツミ電機との関係は任天堂とホシデンとの関係よりも弱いことから、情報の処理が後回しにされたとも考えられる。

このように、任天堂の株価とホシデンやミツミ電機の株価との間にある関係が他のイベントや銘柄間で観測されるならば、株価予測に企業関係の情報が利用できる。この点に関しては4節で企業間取引ネットワークを利用した応用事例として紹介したい。

3 ネットワーク構造における企業の位置づけ

1 ネットワーク構造を捉えるには？

多くのつながりで構成されるネットワークにおいて、ノードの重要度を定量的に測る指標として1節1項で中心性を紹介した。先の例では空港（ノード）と航空路線（リンク）を利用して中心性という考え方を紹介したが、本節ではこれを企業間のサプライチェーンネットワークに応用する。企業間のサプライチェーンネットワークにおける中心性の評価として、媒介中心性を利用した例を紹介する。

図4.11は企業間のネットワークの例を示しており、リンクの矢印は製品の流れを示している。この中で媒介中心性が高い企業は図中のA社となり、サプライ

図 4.11 媒介中心性の例

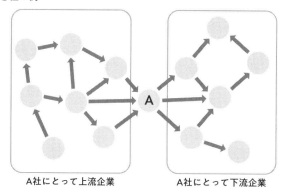

A社にとって上流企業　　　A社にとって下流企業

チェーンのネットワーク上で2つのグループ（上流企業グループと下流企業グループ）をつなぐ重要な役割を果たしていることが分かる。仮にサプライチェーンのネットワークから、A社がいなくなった場合を考えると、下流企業グループでは材料や部品を調達できなくなり、上流企業グループでは重要な顧客を失うことになる。多くの場合はA社を経由して完成品が作られることから、A社のように媒介中心性の高い企業はサプライチェーンネットワーク上において、他の企業と比較して重要な役割を果たしている。

2 中心性から見る企業の特性

ここではサプライチェーンネットワークにおける媒介中心性の高い企業の特徴について確認する。表4.3は2014年12月時点において、東京証券取引所の一部上場企業に対して、媒介中心性の上位20％の企業群（中心性上位企業群）、時価総額の上位20％の企業群（時価総額上位企業群）および一部上場全企業群の時価総額、ROE、売上高利益率および資産回転率の中央値を示したものである。

まず、中心性上位企業群は東証一部上場企業群と比較すると時価総額の中央値が高いことが分かる。しかし、時価総額上位企業群と比較すると中心性上位企業群の時価総額は小さい。

そして、中心性上位企業群は東証一部上場企業群と比較するとROE、売上高利益率および資産回転率の全てが高いことが分かる。媒介中心性が高い企業はサプライチェーン上、重要な役割を果たす企業であると考えられるため、重要な位置を占めることができるような付加価値の高い商品を販売しており、結果としてROEや売上高利益率が高くなった可能性が考えられる。また、媒介中心性の高

4　企業間ネットワークと情報の伝播

表 4.3　中心性上位、時価総額上位および東証一部企業群の比較

	中心性上位企業群	時価総額上位企業群	東証1部上場企業群
時価総額（10億円）	167.30	441.74	29.62
ROE（%）	8.30%	8.96%	7.41%
売上高利益率（%）	3.46%	4.70%	3.35%
資産回転率	1.00	0.86	0.96

表 4.4　中心性上位企業と時価総額上位企業のリスト

中心性上位15社	時価総額上位15社
三菱商事	トヨタ自動車
三井物産	三菱UFJフィナンシャル・グループ
伊藤忠商事	ソフトバンクグループ
東芝	三井住友フィナンシャルグループ
丸紅	本田技研工業
トヨタ自動車	みずほフィナンシャルグループ
パナソニック	KDDI
日立製作所	日本電信電話
富士通	キヤノン
ソニー	日立製作所
清水建設	ファナック
イオン	日本たばこ産業
ルネサスエレクトロニクス	アステラス製薬
KDDI	武田薬品工業
日本電信電話	三菱地所

い企業は、多くのサプライチェーンが経由するため、需給に応じて弾力的に設備や在庫を調整するのに長けており、資産回転率が高いのではないかと考えられる。

　表 4.4 は中心性と時価総額のそれぞれで上位 15 社を抽出したものである。中心性上位企業では商社や電機メーカーが上位となり、時価総額上位企業とは傾向が異なる。商社を経由して物が企業から別の企業へと渡ることが多いため、商社の媒介中心性が高くなる。ここまで見てきたように、サプライチェーンにおける各ノードの重要度を測る 1 つの方法として、媒介中心性を利用することができる。

4 企業間ネットワーク情報を利用した株価予測

1 株価予測へのインプリケーション

　本節ではここまで紹介した内容を踏まえて、取引ネットワークが株価に影響を与えるのかどうかを検証する。2 節で紹介したとおり、サプライヤー企業の利益

や株価はカスタマー企業のそれらに強く影響を受けるのだが、興味深いのは、カスタマー企業に関するニュースがサプライヤー企業の将来の株価変化（≒リターン）を予測する可能性があるという点である。

　検証を行うにあたって、「サプライヤー企業の取引先であるカスタマー企業の平均株価変化率」を表した、カスタマーモメンタムと呼ばれる指標を定義しておく。株価変化率を利用するのは、カスタマー企業において株価を変化させるような情報があったことを捉え、その情報に対する市場の反応の大きさを計測するためである。

　その計算方法をサプライヤー企業であるタチエスの例を使って説明する。表4.5は2014年3月期のタチエスの主な販売先である（一部本田や日産の海外子会社にも販売しているが、それぞれ本田と日産への販売とみなした）。どの企業も全ての販売先を開示しているわけではないため、販売比率を合計すると100%にはならない。開示された範囲で販売比率の合計が100%となるように調整したのが、一番右の列の調整後販売比率である。

　ここから、タチエスのカスタマーモメンタムは次の式のように計算する。

タチエスのカスタマーモメンタム
　＝ 本田の調整後販売比率(41.5%) × 本田の過去1カ月株価変化率
　　　＋ 日産の調整後販売比率(42.0%) × 日産の過去1カ月株価変化率
　　　＋ トヨタ紡織の調整後販売比率(16.5%) × トヨタ紡織の過去1カ月株価変化率

　すなわち、カスタマーモメンタムはカスタマー企業の過去1カ月の株価変化率にそのカスタマー企業への調整後販売比率をかけて足し合わせたものである。販売比率が低い販売先から受ける影響よりも、販売比率が高い販売先から受ける影響の方が大きいと考えられるため、販売比率で重み付けした。なお、カスタマーモメンタムはサプライヤー企業に対して計算されるものであることに注意されたい。

表4.5　タチエスの2014年3月期の主な販売先

カスタマー企業（販売先）	販売比率（%）	調整後販売比率（%）
本田技研工業株式会社	26.2	41.5
日産自動車株式会社	26.5	42.0
トヨタ紡織株式会社	10.4	16.5

4 企業間ネットワークと情報の伝播

2 株価予測可能性に関する分析

では実際に、カスタマーモメンタムを用いて、サプライヤー企業の株価が予測できるかどうかを調べてみよう。まず、各サプライヤー企業のカスタマーモメンタムを計測し、カスタマーモメンタムの大小に基づくポートフォリオを構築する。具体的には、サプライヤー企業群（正確にはカスタマー企業を持つ企業群）をカスタマーモメンタムでランキングし、5つのグループに分け、カスタマーモメンタムが低い順に Q1、Q2、Q3、Q4、Q5 とする。そして各ポートフォリオに含まれるサプライヤー企業の1カ月先株価変化率の平均値を計算しそれを比較する。

例えば、ある年の4月末のカスタマーモメンタムは3月末から4月末のカスタマー企業の株価変化率を使って計算し、サプライヤー企業群をカスタマーモメンタムで5つのグループに分け、5つのグループに対して1カ月後の4月末から5月末の株価変化率の平均値を調べる。株価変化率を1カ月ずらす理由は、カスタマー企業の株価変化率がサプライヤー企業の株価変化率に影響を与えるかどうかを分析したいからである。以下、1カ月先株価変化率の平均値を平均リターンと呼ぶことにする。

図 4.12 はその結果で、分析期間は 2005 年 5 月から 2015 年 5 月の毎月の Q1〜Q5 のポートフォリオの平均リターンを計算し、年率換算したものである。期待通り Q1 が最も平均リターンが低く、Q5 が最も平均リターンが高いという結果となっており、カスタマー企業の株価変化は、将来のサプライヤー企業の株価変化へ影響を及ぼすということを示している。

では逆に、サプライヤー企業の株価変化率がカスタマー企業の将来の株価変化に影響を及ぼすのだろうか？例えば、天災によりサプライヤー企業が操業停止となった場合、カスタマー企業の売上や利益に影響を及ぼすことはありうることである。そこでカスタマーモメンタムと同じように、売上高の構成比とサプライヤーの株価変化率を使って、カスタマー企業のサプライヤーモメンタム（サプライヤー企業の平均的株価変化）を定義し、同様の分析を行ってみる。

その分析結果が図 4.13 である。図 4.12 で見たようなカスタマーモメンタムの水準と平均リターンの間にあった単調な関係はみられず、サプライヤーモメンタムはカスタマーモメンタムほど将来の株価変化に影響を及ぼさないという結果となった。つまり、カスタマー企業とサプライヤー企業で、取引先のニュースに対する市場の反応が異なることを示している。

図 4.12 サプライヤー企業群におけるカスタマーモメンタムの平均リターン

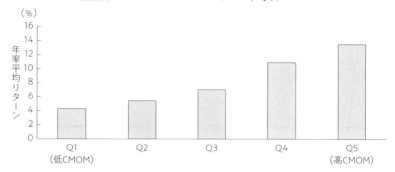

図 4.13 カスタマー企業群におけるサプライヤーモメンタムの平均リターン

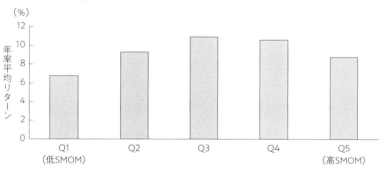

図 4.14 株式市場が期待する利益に与える影響

(a) カスタマー→サプライヤー

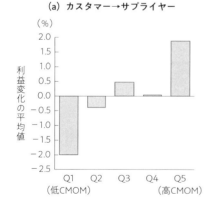

(b) サプライヤー→カスタマー

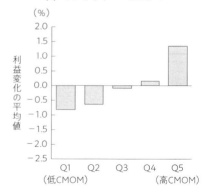

サプライチェーン関係と株式市場が期待する企業利益

　株価の変化は株式市場が期待する企業利益の変化と関連していることが知られている。株式市場が期待する企業利益が増えれば、株価も上昇するという関係となる。

　では、株式市場が期待する企業利益は、カスタマー企業やサプライヤー企業からの影響を受けるのであろうか？カスタマーモメンタムの考え方を用いて、この疑問について調べてみたい。

　そこで図4.12や図4.13の分析で用いた株価変化率の代わりに、株式市場が期待する利益の変化を用いて分析を行う。株式市場が期待する利益には、証券会社アナリストのコンセンサス利益予想（複数のアナリスト予想の平均値）を用いる。図4.12の場合で説明すると、図4.12ではサプライヤー企業のカスタマーモメンタムの計算と、そのサプライヤー企業が受ける影響の評価のそれぞれで株価の変化率を用いていたのに対し、ここではこれらを証券会社アナリストのコンセンサス予想利益の変化に置き換える。その結果、カスタマーに対する期待利益の変化がサプライヤーに対する期待利益の変化に影響を及ぼすかどうかを検証することになる。

　図4.14はその結果である。図4.14(a)はカスタマーモメンタムを用いた場合で、カスタマーの期待利益がサプライヤーの期待利益へ影響を及ぼしているかどうかの検証、図4.14(b)はサプライヤーモメンタムを用いた場合で、サプライヤーの期待利益がカスタマーの期待利益へ影響を及ぼしているかどうかの検証になっている。縦軸はそれぞれの企業群の1ヶ月先の期待利益の変化の平均値で、見やすいように分析対象企業全体の平均値が0となるように調整した。

　図4.14(a)と(b)ともに、カスタマーモメンタムやサプライヤーモメンタムが小さいQ1の方から大きいQ5に向けて、概ね利益変化の平均値が大きくなる傾向が見られ、カスタマーからサプライヤー、サプライヤーからカスタマーともに期待利益は影響を与えるという結果となった。サプライヤーからカスタマーへの影響は、株価の変化からは見られなかったが、期待利益の変化では見られるのである。

　さらに、注目して欲しいのは各グループの間の利益変化の平均値の差である。これはQ1からQ5にかけての棒グラフの傾きを見れば分かりやすい。棒グラフの傾きは、図4.14(a)の方が図4.14(b)よりも大きい。この結果は期待利益の変化は、カスタマーからサプライヤーの方向の方が、サプライヤーからカスタマーの方向よりも影響しやすいということを示している。この違いが株価の変化を使っ

た分析における差になっていたのだろう。

株価と投資家の注意力や情報処理能力

　企業に対する投資家の注意力の違いや瞬時に適切な判断ができる情報量であるかどうかの違いが、株価にもたらす影響について考えてみたい。

　まず、カスタマー企業に対する投資家の注意力を捉える変数として、サプライヤー企業にリンクするカスタマー企業の規模を考える。小さい規模の企業に対して投資家は注意が弱くなるので、カスタマー企業で生じた情報が認識されるまでにより時間がかかる。結果として、サプライヤー企業の株価にその情報が織り込まれるまでのラグがより大きくなるだろう。したがって、カスタマー企業の規模が小さいサプライヤー企業群の方が、カスタマー企業の規模が大きい企業群よりも織り込みが遅れ、カスタマーモメンタムが持つ予測能力の効果が発揮されやすいと考えられる。

　図4.15は、カスタマー企業の平均規模が高いサプライヤー企業群とカスタマー企業の平均規模が低いサプライヤー企業群に分け、さらにそれぞれをカスタマーモメンタムで5つにグループ分けしたときの1カ月先リターン（等ウェイト加重）を計測したものである。結果は、カスタマー企業の平均規模が低いサプライヤー企業銘柄群の方が、Q5とQ1のリターンの差は大きいことが確認できる。

　もう1つの別の視点からも調べてみよう。それぞれの企業が持つ情報量の多さを捉える変数として、サプライヤー企業にリンクするカスタマー企業の数を考える。投資家はカスタマー企業数が多いと情報処理に要する負担が大きくなるため、カスタマー企業数が少ないサプライヤー企業を優先すると考えられる。そのため、カスタマー企業が多い企業の場合、市場参加者は情報を適正に判断するのに時間がかかるため、株価が徐々に反応すると予想される。図4.15はカスタマー企業数が1社のみの企業群とカスタマー企業数が2社以上の企業群に分け、それぞれに対してカスタマーモメンタムで5つにグループ分けしたときの1カ月先リターンを表したものである。サプライヤー企業にリンクするカスタマー企業の数が2以上の方が、1社のみの場合よりもQ5とQ1のリターンの差が大きいことが確認される。このような結果を見ると、投資家の注意力や企業に関係する情報量の違いが、株価予測可能性に影響を与える要因の1つと考えられるだろう。

図 4.15　カスタマー企業に対する投資家の注意力の違いと株価

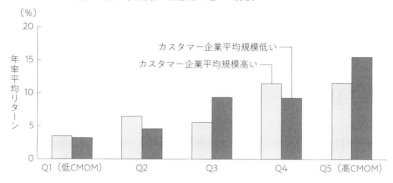

図 4.16　企業が持つ情報量の違いと株価

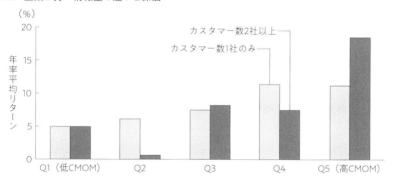

5 本章のまとめ

　今回紹介した内容は、企業間ネットワークに関する一側面を概観したものであり、今回紹介できなかった内容も含めて、経済・金融市場に関わるネットワークの利用方法は多岐にわたると考えている。企業間の関係でいえば、リサーチコラボレーションや資本提携、企業の役員ネットワークなども存在する。

　近年の技術革新により、これまで扱いきれなかったビッグデータを扱える時代が到来し、様々なネットワーク情報が扱えるようになってきている。各々のネットワークが株価や企業へ与える影響は異なると考えられ、これらが持つ特性を理解することが重要となってくる。その先には、複数のネットワーク情報を包括することで見えてくる、新たな発見が待っている。

参考文献

安田雪（2010），「つながり」を突き止めろ，光文社新書

増田直紀（2007），私たちはどうつながっているのか―ネットワークの科学を応用する，中公新書

安田雪（2001），実践ネットワーク分析―関係を解く理論と技法，新曜社

野沢慎司（2006），リーディングス　ネットワーク論―家族・コミュニティ・社会関係資本，勁草書房.

磯貝明文，川口宗紀・小林寛司（2018），「サプライヤー・カスタマーのつながりに基づくクロスモメンタムの株価予測可能性」，現代ファイナンス（forthcoming）.

5

環境・社会・ガバナンス評価
のためのテキストマイニング

1 投資家は企業の持続可能性を見ている

1 持続可能な企業とは?

　2007年、米国企業のグーグルは世界の重大課題である気候変動問題にいち早く着目し、「カーボン・ニュートラル」を達成することを目標に掲げた。これは、大量のCO_2を排出する大企業として環境に対する責任ある行動をとるため、また将来に気候変動問題がより深刻な問題になったとしても持続的に成長するために、CO_2などの温室効果ガスの排出量をネットでゼロにする取り組みである。彼らは図5.1のように当初はCO_2排出量削減に取り組み、それでも削れない排出分に対して、植林プロジェクトや自然エネルギーへの転換によるCO_2排出削減プロジェクトなどに出資、または他所で実現したCO_2の削減・吸収分の権利を購入することで、カーボン・ニュートラルを達成することを目指した。

　そして2016年12月16日、グーグルは重要なマイルストーンを達成したと発表した。その内容とは、2017年に全世界の事業で使用する電力(データセンターおよびオフィスの両方を含む)の100%を、直接購入した再生可能エネルギーで賄うことができるというものであった。現在、グーグルは世界最大の再生可能エネルギーの買い手であり、その消費電力は2.6GWに達する(この2.6GWという量は、平均的な原子力発電所の1基分の発電出力が1GW程度なので、2.6基分の発電出力にあたる)。ついにグーグルは、自社が利用する電力を化石燃料に依存せずにビジネスを続けていくことが可能となったのである。

　このように、短期的にはコスト高と思える取り組みであっても、長期的視点に立って諸問題に積極的に対処し、成長していく企業がいる。このような企業は、持続可能な企業であるといえる。

図5.1　カーボン・ニュートラルのイメージ

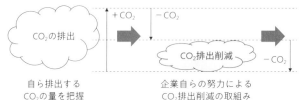

2 持続可能な企業となるための要素とは?

　企業が長期的に持続し、成長するためにはどのような要素が必要だろうか。その問いに答えるために、"ESG"というキーワードから出発して考えてみよう。ESGとは、環境（Environment）、社会（Social）、ガバナンス（Governance）の英語の頭文字を合わせた言葉である。企業が利益を創出し、持続的に成長していくには、何らかの形でこれら3つの要素を活用していく必要がある。建設会社が鉄筋やセメント、木材を活用して建造物を造る、エレクトロニクス企業がレアメタルを使用して製品を作るなど、ほとんどの企業は自然環境から得られる資源（自然資本）を活用してビジネスを行っている。また、企業が事業を行うためには従業員が必要であり、そこでは人的資本、広い意味では社会に由来する資本を活用している。そして、自然資本や人的資本を適切に活用するための仕組みとして、ガバナンスが重要な要素となる。E（環境）・S（社会）・G（ガバナンス）に関わる課題として図5.2のような項目が挙げられる。こうしたESGの要素は企業が持続して成長するために欠かせないものである。

　投資とESGの関係についても考えてみよう。これまでは財務分析を中心とした短期的な利益に重点を置いて企業評価を行う投資家が多かったが、近年では企業の持続可能性に着目し、ESGなどの財務以外の情報も含めた企業評価を行うことが、特に機関投資家の中で増えてきている。このような、企業が抱えるESGの課題に対して評価を行い、対処・投資するスタイルは、一般にESG投資と呼ばれており、日本および世界において現在拡大している。そして、ESG投資を行う際に重要なのは、各企業が抱えるESGに関する長期的な課題が何かを判断し、その課題に対してどれだけ真剣に取組み、解決していくかを見極める評価基準を持つことである。我々が適切なESG評価基準を持ち、持続的な成長が見込める企業に投資を行うことで、長期的な投資パフォーマンスを向上させることができる可能性がある。

図 5.2　E・S・G に関わる諸問題

E（環境）	S（社会）	G（ガバナンス）
・地球温暖化	・人的資源	・企業倫理
・エネルギー	・顧客満足	・内部統制
・生物多様性	・サプライチェーン	・役員構成
・資源保護　　　など	・安全　　　　　など	・汚職　　　　　など

2 企業の持続可能性をどのように読み解くか？

どのようにすれば、企業の持続可能性を判断する上で重要となるESGの課題に対する各企業の取り組みを読み解くことができるだろうか。以下ではESGに関連する数値情報を利用する方法に加えて、数値情報では表現できないESGに対する取り組みをテキスト情報から捉える方法について紹介する。

1 企業によるESG情報の開示

企業のESGに関連する情報はどうすれば入手できるだろうか。上場企業の財務情報は有価証券報告書や決算短信による開示が義務付けられており、東証の運営するWebサイト「TDnet」を通じて開示されている。一方、ESG情報については開示が義務付けられておらず、各企業の裁量に任されている。しかし、企業側も投資家に向けてESG情報を開示することの重要性を認識しており、多くの企業が何らかの方法で情報を自主的に発信している。特に情報発信の手段として多く利用されているのが、各企業のESGに対する取り組みを冊子にまとめたCSR（Corporate Social Responsibility）レポートである。例として、三菱UFJ

図5.3 CSRレポートの例

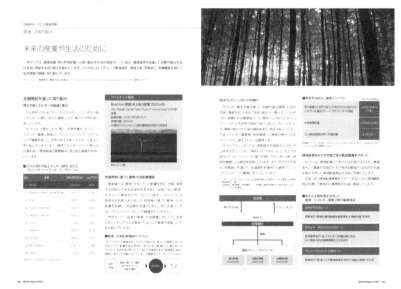

出典：MUFG Report 2017 p.48-49

フィナンシャルグループ（MUFG）のCSRレポートの一部を図5.3に掲載した。この例では、金融機能を通じた再生可能エネルギーの普及などの環境問題に関連する取り組みについて報告している。KPMGの調査によれば、2017年1月の時点で日経225構成企業の96%（216社）がCSRレポートを発行しており、CSRレポートはESG情報の主要な開示手段となっている。

ただし、各企業の裁量によって情報開示されているという性質上、有価証券報告書の場合と異なりCSRレポートには記載事項に関する特定のルールやひな型、外部監査の義務は存在しないため、レポートの形式は様々であり、企業ごとのばらつきが大きい[1]。例えば、形式面では環境・社会・ガバナンスという枠組みで、関連するデータをもとに取り組みを説明する形式や、顧客・社員・地球といった独自の枠組みを設定し、その中でインタビュー記事などを交えながら、取り組みについて説明する形式など様々である。また、ページ数に関しても、少ないもので数ページ、多いものでは400ページを超えるものもありばらつきが大きい。

なお、CSRレポート以外のESG情報の開示手段としては、企業Webページによる情報開示や、ESG調査機関や投資家からのアンケートに答える形での情報開示などがある。ただし、これ以降ではESG情報の主要な開示手段であるCSRレポートに注目して議論する。

2 ESG情報の種類と評価

投資家は各企業によって発信されたESG情報をどのように評価すればよいだろうか。ESG情報と企業価値の関係については、近年研究がさかんに行われている。例えば、ESG投資の人気が高い欧州地域を中心に、ESGに対する取り組みが企業パフォーマンスを向上させるという研究も報告されている。ただし、現実的にはESGに対する取り組みは結果が出るまで、長いものでは10年単位での期間を要することから、実証研究で確証的な結論が得られるにはさらに長い年月が必要となる。しかし、長期的な視野に立つ投資家にとって、投資先を選定する上でビジネスの持続可能性は非常に重要なポイントであり、ESGはそのビジネスの持続可能性を評価する上で欠かせない要素である。ここでは、企業から発信されるESG情報とその評価方法について2つの情報に分けて説明する。

---

1 近年では、ESG情報に関するレポートティングの国際基準であるGRI（Global Reporting Initiative）ガイドラインに準拠して作成されるケースが増えてきている。ただし、GRIガイドラインは報告原則や標準的な開示項目についての基準を示すことを目的としており、CSRレポートのひな型は提供していない。

1つ目は、定量情報と呼ばれる数値として公開されている事実情報である。ここには、CO_2排出の削減量や女性役員数といった直接数値で表現されている情報の他に、社外取締役設置の有無といった Yes → 1, No → 0 と数値に読み替えることができる Yes/No 形式の事実情報も含まれる。定量情報を評価する方法としては、業種や企業規模などの特性が似たグループを設定し、グループ内でその情報を比較して評価することが一般的である。以前は比較のために CSR レポートなどから手作業でデータを収集する必要があったが、近年では ESG 情報のデータベースの整備が進み、投資家がこうした定量情報を組み込んで投資判断することのハードルは低くなりつつある。企業の ESG に関する取り組みの成果を明確な基準で比較できるため、評価に利用しやすい情報ではあるが、こうした定量情報で捉らえられる側面は限られている。

　定量情報を補うのが2つ目の定性情報と呼ばれるもともと数値で表現されていない情報である。定性情報には例えば、企業が人権に対してどの程度 ESG に関する課題を認識しているか、また、その問題に対してどのような取り組みを実行しているかといった情報が含まれる。こうした情報は、当然 CSR レポート上で数値として表現されておらず、定量情報から評価することが難しい。しかし、定性情報はそれぞれの企業の ESG への取り組みに対する考え方や姿勢が現れる部分であり、持続可能性を評価する上で無視することはできない。定性情報の評価においては、アナリストが手作業でレポートを1冊ずつ読んで、各企業の取り組みについて分析・評価するケースが多い。ところが、手作業による定性評価には「分析時間」と「一貫性」の観点から問題がある。まず、「分析時間」の問題について考えてみよう。例えば、今回我々が収集した約 8,700 冊の CSR レポートを手作業で分析する場合に要する時間をざっくりと見積もってみよう。CSR レポート1冊の分量は平均で 50 ページほどである。また、1ページ読むのに1分かかり、1日に8時間レポートを読むと想定する。

- CSR レポートの総ページ数：8,700 × 50 = 435,000 ページ
- 1日に読めるページ数：8 × 60 = 480 ページ
- レポートを読むために必要な期間：435,000 ÷ 480 = 906 日 = <u>2.48 年</u>

　CSR レポートを読むだけで、なんと2年半もの歳月が費やされてしまうのである。実際に分析する場合には、情報を集約して比較するプロセスも必要になるため、分析にかかる時間はもっと長くなる。このため、定性情報を評価する場合には複数の人で手分けをしてレポートを読まざるを得ないだろう。しかし、その場合には「一貫性」の観点で問題が生じる。複数の人がレポートを読む場合、評価

のポイントをあらかじめ決めておいたとしても読み手ごとの感じ方の違いによる評価のムラがどうしても入ってしまうため、その評価のムラを調整した一貫した評価が難しくなる。定量情報の場合は、数値をもとに評価を行うためこうした問題は生じないが、定性的な取り組みを評価する場合には、この影響が生じることは避けられない。レポートを読む人数が増えるほど、評価のムラによる影響は大きくなってくるだろう。こうしたことから、定性情報を評価する場合には、分析対象を大型企業に絞ったり、評価項目をチェックシートで評価できる単純な項目（「特定の課題に関する記述の有無」など）に絞ったりするなどの対応をやむを得ずとることが多い。以下ではこうした問題を解決するために、機械を利用して、定性情報から ESG に対する取り組みを評価する方法について提案していく。

③ テキストマイニングを利用した定性情報の評価

前項で述べた、定性情報の評価における「分析時間」と「一貫性」の問題に対する解決策として、テキストマイニング技術の利用が考えられる。機械を用いてCSR レポートを処理することには、人手でレポートを読む場合と比較して以下のようなメリットがある。

- 処理のスピード：手作業による処理に 2 年以上かかる分量の CSR レポートを、たったの数時間で処理できる。
- 処理の正確さ：重要な内容を読み飛ばしてしまうことや、忘れてしまうことがない。
- 評価の一貫性：読み手による評価のムラが入らないため、同一の基準で CSR レポートを評価できる。

ただし一方では、以下のようなデメリットも存在する。

- 読解力の不十分さ：人間のように細かいニュアンスの違いや文章の意味について正確に理解することが難しい。少なくとも現在の技術では人間と同レベルの文章の読解力を持つレベルには達していない[2]。

こうしたデメリットはあるものの、今回のような大量のテキスト情報を処理する場合にはテキストマイニング技術が役立つ可能性が高い。今回、テキストマイニング技術を用いて、CSR レポートで使用されている単語について、ツリー構造を構築して解析することを試みた。そして、構築したツリー構造をもとに、各企

---

2 国立情報学研究所を中心に人工知能を用いて東京大学の入学試験合格を目指すプロジェクト（東ロボ君プロジェクト）が 2011 年から行われていたが、現在の技術では文章の読解力に問題があり能力の向上に限界があると判断され、2016 年に合格を断念することが発表された。

図 5.4　花王の CSR レポートのビジュアライズ（S: 社会）

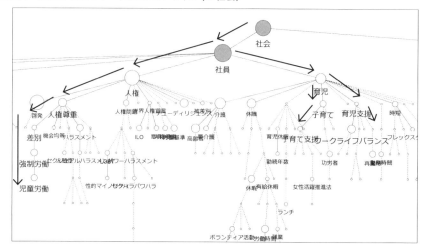

業のCSRレポートをビジュアライズすることで、各企業が重点を置いているESG項目とそれに対する具体的な取り組みの要点を分析する。さらに、その結果を同一の基準で評価して比較することを目的に、E・S・Gそれぞれのテーマに関して「記述量」と「詳細度」を評価するスコアを作成した。

　ここで、具体的にどのような結果を導き出したか把握してもらうために、実際のCSRレポートをビジュアライズした結果を1つ紹介しよう。

　図5.4は、花王のCSRレポートを単語のツリー構造をもとにビジュアライズした例である。ツリーの構築方法は後ほど詳しく紹介するが、このツリーは全企業のCSRレポートをテキストマイニングした結果をもとに機械的に構築しており、1つのノード（丸）が1つの単語に対応し、関連性が高い単語が線でつなげられている。一般的な概念を表す単語が上位の階層に、個別の取り組みやキーワードを表す詳細な単語は下位の階層にくるよう構成されている。なお今回紹介するものは、モデル構築プロセスをシンプルにしているため、「育児」と「子育て」のような同義語について同じ表現として統一することまでは行っておらず、別々の単語として扱っている。このツリーに対して、花王のCSRレポートで使用されていた単語の情報を加えて図を作成している。ノードの下に単語のラベルがついているものが花王のCSRレポートで使用されていた単語であり、ノードの大きさは単語出現回数の多さを表している。この図をもとに、企業はCSRレポートの中で、まず一般的な概念から述べ始めて、その後詳細なテーマに対してどの程度

深いレベルで記述しているかを概観することができる。

　具体的にこの図を読み取ってみよう。花王はＥ・Ｓ・Ｇのどの分野でも非常に優れた取り組みを実施している企業の１つであるが、図 5.4 は特にＳ（社会）に関してビジュアライズしたものである。まず、「社会」→「社員」→「育児」の先に繋がるツリーに注目して欲しい。近年、日本では「子育て支援」が社会に関する重要課題の１つになっている。その課題に対処すべく、「育児」→「子育て」→「子育て支援」というルートや、「育児」→「育児支援」→「ワークライフバランス」などのルートが確認できる。実際のCSRレポートを読んでみると、花王では育児休暇を積極的に啓蒙・支援しており、育児休職取得率は女性でほぼ100％、男性も約40％という高い割合を維持していることが分かった。このような育児に対する取り組みが積極的に評価され、花王は厚生労働省が主催した初代の「イクメン企業アワード」（2013 年）において、グランプリを受賞している。

　また、「社員」から派生する「人権」→「人権尊重」から続くツリーにも注目してみたい。このツリーは、「人権尊重」→「差別」→「強制労働」→「児童労働」へとつながっていく。花王のビジネスモデルにあまり詳しくない人からすると、なぜ「人権尊重」に関連するキーワードにここまで重きを置いているか分からないかもしれないが、この一連の繋がりは、花王のサプライチェーンと関係している。花王では、一部の商品の原材料にパーム油を利用しているが、このパーム油は森林破壊等に関わる環境問題に加えて、人権侵害に関する問題を抱えている。パーム油はアブラヤシの果実から搾油されたもので、世界の生産量の85％がインドネシア及びマレーシアで生産されている。このパーム油を生産するプランテーションは、しばしば最低賃金を無視した労働、あるいは児童労働によって支えられているケースがある。このような問題に対応するため、花王では「原材料調達ガイドライン」を策定し、環境問題、生物多様性、および人権課題について持続可能な原材料の調達に取り組むと宣言し、特に人権問題については「花王人権方針」を表明し、事業活動全体を通じた人権尊重を推進している。

　CSRレポートの文章をビジュアライズすることで、ESGに対する取り組みの概要をつかむことができ、さらに気になる点があればCSRレポートの該当個所を人間が直接確認してみることで、企業の取り組みをより深く理解することができる。このツリー情報をスコア化し、評価に利用する方法については４節で述べることにして、次節ではこのツリー構造を構築する具体的な方法を紹介する。

3 ツリー構造を利用した単語の特徴づけの方法

本節ではCSRレポートのテキストマイニングによって、単語をツリー構造で特徴づけする方法について説明する。

1 テキストマイニングの準備

分析にはインターネット上から取得した1999年から2016年までの期間に発行されたのべ8,729冊の東証上場企業のCSRレポートを利用する。本格的なテキストマイニングを行う前に、データを分析しやすい形に前処理しておく必要がある。図5.5にCSRレポートの前処理のイメージを示したので、こちらを参考に以下の説明を読み進めてほしい。

まず、写真や図表が含まれたPDFファイルからテキスト情報のみを抽出し、テキストファイルの形式に変換する。CSRレポートには、タイトル・本文・図・表など様々な位置に文章が存在する。そこで、図や表を中心にESGに対する取り組みが説明されているケースも多いため、ここでは本文だけでなく、図や表に含まれているテキストも合わせて抽出した。

次に、テキストデータからツリー構造を構築するのに必要な要素のみを抽出するために、文章に対して形態素解析と呼ばれる操作を施す。形態素解析とは、文法や単語の品詞情報に基づいて各文章の要素を最小の意味単位に分解する操作である。例えば「プロジェクトへの融資決定に先立ち、お客さまと協力して環境・社会に対するリスクと影響を特定・評価」という文章を形態素解析すると「プロジェクト/へ/の/融資/決定/に/先立ち/、/お客さま/と/協力/し/て/環境/・/社会/に/対/する/リスク/と/影響/を/特定/・/評価」という形に分解される。

図5.5 CSRレポートの前処理

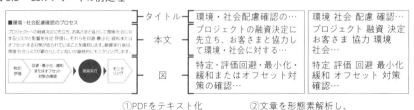

出典：MUFGレポート2017 p.48

ここから名詞のみを抽出して分析に利用する。例えば、上の文章から名詞のみを抽出してみると、「プロジェクト／融資／決定／お客さま／協力／環境／社会／リスク／影響／特定／評価」となる。CSRレポートから抽出したテキスト情報には、例のように通常の文章の形式になった情報だけではなく、箇条書きや図表の中で使用されたテキストなど、様々な形式の文章が混在している。ここで、名詞のみに注目しているのは、表現方法が混在する影響を緩和する狙いがあるからである。例えば、通常の文章形式である「環境問題に対する取り組みとして、レジ袋の削減運動を実施しています。」という表現と、箇条書き形式の「・環境問題に対する取り組み：レジ袋の削減運動」という同じ意味の表現があったとする。これらの文章から名詞のみを抽出すると、どちらも「環境問題　取り組み　レジ袋　削減　運動」という同一の表現になり、表現の方法の影響を受けなくて済む。実際には、この例のように表現方法の違いによる影響を完全に除くことは困難であるが、名詞のみに注目することでこの影響を緩和することができる。

　一方で、名詞のみに注目してしまうと、動詞や形容詞などによる文脈の違いがうまく考慮できないと思われるかも知れない。しかし、CSRレポートは、ESGに対する各企業のポジティブな取り組みを開示することを目的としているため、実際のところ、特定の単語が使用される文脈はある程度決まっているのである。例えば、「温室効果ガス」という単語が登場する場合には、「温室効果ガスを減らします。」という文脈で使用されることがほとんどであり、「温室効果ガスの排出を増やします。」という文脈が登場することはまずありえない。こうしたことから、CSRレポートに記載されている内容を把握するにあたっては、名詞以外の要素に注目する必要性は低いと考えた。

2 単語間の関連性の学習

　CSRレポートに使用されている単語の相互関係を把握するためには、単語間の関連性、あるいは"距離"に関する情報が得られればよい。例えば「ガバナンス」と「組織」という単語は関連性が強く、単語間の距離が短いといえる。これと比較すると、「ガバナンス」と「太陽光発電」という単語の関連性は弱く、単語間の距離が長いことを人間は過去の経験から知っている。機械に大量のCSRレポートを読ませることで、こうした単語間の距離に関する情報を学習させることができれば、ESGの文脈においてどのような単語同士の関連性が高いのかが把握できるようになる。

　では、どのように単語間の距離を計算すればよいのだろうか。我々は

Word2Vecと呼ばれるモデルを用いて、単語をベクトル（数値の列）に変換することで単語間の距離を計算した。Word2Vecはグーグルの研究者によって発表された、単語の共起性（ある単語がどんな単語と同時に使用されているかという情報）をもとに、単語の特徴をベクトルで表現するモデルである。図5.6に示したイメージ図のように、単語同士の関連性を学習し、CSRレポートで使用されている各単語を「ガバナンス＝ (0.31, 0.12, 0.01, ‥,0.89)」、「組織＝ (0.35, 0.10, 0.02, ‥,0.77)」というようなベクトル表現に変換する。この例では「ガバナンス」と「組織」という単語の関連性が強いため、割り当てられたベクトル表現（棒グラフの形状）が類似しているのに対し、「組織」と「太陽光発電」という単語は関連性が低いため、ベクトル表現が大きく異なっている。このベクトル表現から、それぞれの単語間の距離を計算することができる。

　我々はWord2Vecを用いてCSRレポート8,729冊分のテキスト情報を機械に学習させ、単語間の距離を計算した。学習した結果をもとに、例えば「ガバナンス」と関連性の高い単語を見てみると、関連性が高い順に「企業統治」、「サステナビリティ」、「統治」、「組織」、「経営体制」という違和感のない結果を得ることができた。

図 5.6　Word2Vec による単語のベクトル表現

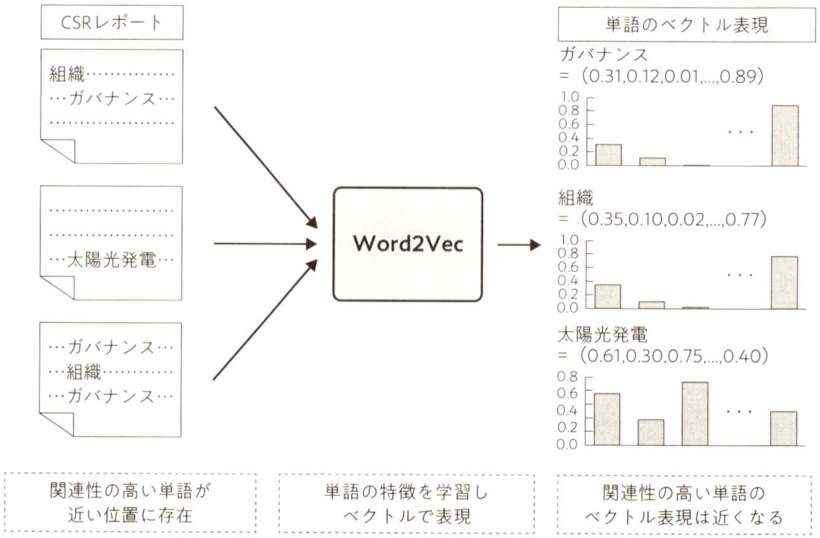

5　環境・社会・ガバナンス評価のためのテキストマイニング

③ ESG 関連単語のラベルづけ

　次に、各企業の ESG に対する取り組みを E・S・G それぞれの観点から捉えるために、ベクトル表現をもとに単語を分類する。分類には人間の脳で見られる神経の特性を機械によって表現したニューラルネットワークモデルの一種である、ディープラーニングを利用した。この手法は、2012 年の IRSVRC という画像認識の精度を競うコンペティションにおいて、ディープラーニングを利用したチームが他のチームに圧倒的な差をつけて優勝したことから注目され始め、2016 年に囲碁の世界でプロ棋士を破り話題となった囲碁 AI の AlphaGo でも使用されたことで一層注目を集めた。

　Word2Vec でベクトル表現した単語の中で、特に出現頻度の高い単語群に「E」・「S」・「G」いずれかのラベルを人手で付与し、教師データとした。教師データをもとに、各単語がどのラベルに属すべきなのかをディープラーニングで機械に学習させた。そして学習したモデルを用いて、ラベルが付されていない残りの単語を分類した。ディープラーニングによって得られた分類結果の一部が表 5.1 である。CSR レポートに登場する専門性が高く出現頻度の低い単語が、それぞれ

表 5.1　ディープラーニングによる単語の分類結果（一部掲載）

分類結果	単語	意味
E（環境）	HCFC	ハイドロクロロフルオロカーボン。オゾン層を破壊するフロンの一種。
	富栄養化	リンや窒素を含む排水が湖などに流入し、プランクトンの異常発生などにより水質が悪化すること。
	排出権取引	温室効果ガスの削減目標を達成するため、企業間で排出枠を取引する制度。
S（社会）	買物弱者	食料品などの日用品の買い物に不便や苦労が強いられる状況にある人々のこと。地方部に住む高齢者を中心に増加している。
	さんづけ運動	互いに「さん」づけで呼び合うことで役職、世代間の距離を縮め自由なコミュニケーションを促す運動。
	ホワイトリボン	妊産婦の命と健康を守るための白いリボンを用いた社会運動をホワイトリボン運動という。
G（ガバナンス）	インサイダー	内部情報をもと証券取引を行う、インサイダー取引は犯罪行為であり、企業にはこれを防止する取り組みが求められる。
	アカウンタビリティ	対外的な説明責任のことで行政機関や企業が保持すべき倫理とされている。
	サクセッションプラン	次世代のリーダーを確保・育成することを目的とした後継者育成計画のこと。

のカテゴリにうまく分類できていることがわかる。

4 単語ツリーの構築

最後に、E・S・Gのそれぞれについて、図5.7のようなツリー型の単語のネットワーク構造（以下、ツリー）を構築する。このツリーは、上位の階層ほど一般的な概念や課題に関連する語がくるように単語を配置し、下位の階層ほど詳細な取り組みに関連する語がくるようにした。さらに、近いトピックをもつ単語同士が縦につながるように配置した。このような形でツリーを構築することで、その単語がESGにおいてどのような位置づけにあるかが表現できるようになる。図5.7の単語の例の場合には、「大気汚染」は「環境」の中の「汚染」問題に関連する1つの課題と位置づけられており、「大気汚染」に関連するより詳細な単語として「粒子状物質」や「排気ガス」が存在していることが見て取れる。図5.7の例では非常にシンプルなツリーの例を示したが、より多くの単語に対してこのようなツリーを作成することで、それぞれの単語の位置づけを構造的に捉えることができるようになる。

では、具体的なツリーの作成方法を見ていこう。ここでは、Eに関するツリーを構築する方法を説明するが、SやGのツリーを構築する場合も考え方は同様である。Eのツリーは前のディープラーニングモデルによってEに分類された単語を利用して構築する。まず、Eを表す単語として、人手で「環境」をツリーの最上位の階層に設定する。そして残りの単語を、単語間の距離の情報をもとに最上位の「環境」からの各単語への距離の総和が最短になるように機械に配置させる。例えば、図5.7のツリーにおいて、大規模な太陽光発電施設を表す「メガソーラー」は「太陽光発電」の下にきている。この「メガソーラー」を「土壌汚染」

図5.7 ツリーのイメージ

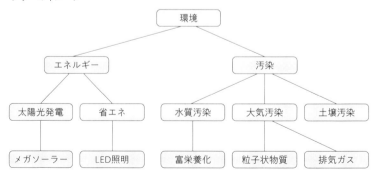

という単語の下に持ってくると「メガソーラー」と「土壌汚染」の関連性が低く、単語間の距離が長いため、ツリー全体としての単語間の距離の和も大きくなってしまう。こうしたことを避けて、全体の距離が最も短くなるようにツリーを構築することで、関連性の高い単語が近くに集まるようにしている。

さらに、単語の出現回数に応じて単語の上下関係を決定することで、ツリーに詳細度の概念を取り込んでいる。どの企業においても共通課題として認識されているテーマや、一般的な概念に関連する単語は、必然的に CSR レポートで使用される回数が多くなり、反対に企業独自に特定した ESG の課題や、その課題に対する詳細な取り組みを表す単語は、使用される回数が少なくなることが予想される。ツリーの中で詳細度の高い単語ほど下位の階層に配置されるようにするため、結合している単語については、上位の単語の CSR レポートでの出現回数が、下位の単語の出現回数よりも大きくなるようにした。例えば「太陽光発電」の出現回数が「メガソーラー」の出現回数よりも多い場合には、「メガソーラー」がツリー中で「太陽光発電」よりも上位の階層にこないように制約している。

このようなルールに基づいてツリーを作成することで、一貫性を確保して CSR レポートで使用されている各単語がどのような位置づけにありそうかを表現することができる。作成したツリーの全体像は巨大なため、紙面の都合上全てをお見せすることはできないが、以降の分析結果の中でツリーの一部を紹介する。

4 定性面に注目した企業の ESG に対する取り組み評価

本節では、構築したツリーを利用して、個別企業の ESG に対する定性的な取り組みを分析した事例について紹介する。

1 個社 CSR レポートのビジュアライズと ESG に対する取り組み

構築したツリーは全ての企業の CSR レポートを読み込んだ結果をもとに作成されており、一般的な CSR レポートがどのような単語で記述されているかを構造的に表現したものである。そこで次に、このツリーを利用して、個別企業の ESG に対する取り組みを捉えてみよう。5.2.3 節で事例を簡単に示したが、各企業の CSR レポートにおいてどの単語を何回使用しているかという情報をツリーに重ね合わせることで、図 5.8 のように個別企業の CSR レポートをビジュアライズする。CSR レポートの中の単語の使用回数に関するデータを観察しても、この

図 5.8 CSR レポートのビジュアライズ

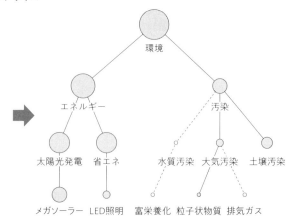

ある企業の単語使用回数

単語	使用回数
環境	53
エネルギー	25
汚染	15
省エネ	14
太陽光発電	13
メガソーラー	6
土壌汚染	3
LED照明	2
大気汚染	2
粒子状物質	1
水質汚染	0
富栄養化	0
排気ガス	0

企業が ESG に対する取り組みをどのように進めているかをすぐに把握することは難しいが、データをビジュアライズすることで、分析者は結果を短時間で感覚的に理解できるようになる。なお、先述したとおり、ノードの大きさは単語の使用回数を表しており、サイズが大きくなるほどその企業のレポートの中で登場する回数が多いことを表している。白抜きのノードは、ツリー上の単語が、その企業のレポートでは使用されていないことを示している。

では、データをビジュアライズすることの効果を図 5.8 の例から見ていこう。エネルギー問題に関連する単語のノードが環境汚染問題に関連する単語のノードと比べて大きい傾向にあったことが分かる。さらに、「メガソーラー」や「LED照明」といったエネルギー問題に関連するツリーの下位の階層に位置する詳細な単語も、レポートの中でいくばくか使用されていたことも分かる。これらのことから、この企業はエネルギー問題に対する取り組みの度合いが高いと判断できるだろう。

このように、ビジュアライズされた結果をもとに各企業の ESG に対する取り組みの概要をつかむことができる。そして、結果に関して気になる点が見つかれば、CSR レポートの関連する部分を直接確認すればよい。なんの情報も持たずにレポートを一から読んで把握するのは非常に時間がかかるが、ツリーを見て概要を把握し、気になった部分のみをレポートに戻って確認することで、分析にかかる時間を大幅に節約することができる。

次に、実際の CSR レポートをツリー構造としてビジュアライズした結果をも

とにして、ESG に対する取り組みを同業他社と比較した例を紹介する。一般的に大企業ほど、自身の活動が環境や社会に与えるインパクトが大きく、より幅の広い ESG における課題と関係してくることが多いため、CSR レポートに記載される項目数が多くなり、使用される単語数も多くなる傾向にある。また、ESG の対応について情報発信するために費やすリソースも多いため、CSR レポートの分量も多くなりがちで、詳細な取り組みについて記載しているケースも多い。結果として、CSR の評価は大企業に有利になる場合が多い。一方で、規模がそれほど大きくない企業では、ESG に対する取り組みの範囲や情報発信に割けるリソースは限られているものの、その企業固有のビジネスが ESG の課題にどうつながっているかを端的にアピールしていることがあり、興味深い。ここでは、比較的規模の小さい企業でありながらも CSR レポートに詳細に記載している企業の例として、松田産業を紹介する。

松田産業は、貴金属事業・環境事業・食品事業の 3 つを主力事業とする企業である。貴金属事業では、他社が半導体や電子部品を製造する過程で規格外となった部品を集め、そこから貴金属を回収して、再び材料や地金として製造している。他にも、環境事業においては産業廃棄物の無害化処理など、地球資源の有効活用に関連の深い事業を営んでいる。また、企業理念として、「限りある地球資源の有効活用と安定供給により、業を通じて社会に貢献し、お客様、株主、取引先、従業員、地域社会等のステークホルダーの期待に応えてまいります。」という ESG の考え方と非常に親和性が高い理念を掲げている。

この松田産業の CSR レポートを、同規模の企業群と比較してみよう。図 5.9 と図 5.10 は、松田産業（2016 年 3 月末時点の時価総額：約 338 億円）と同社を除く同規模の企業群（2016 年 3 月末時点の時価総額が 100 億円以上、1000 億円未満の 184 銘柄）を E に関するツリーの「資源」に関連する部分を中心に比較した結果である。同規模の企業群をビジュアライズする際には、単語の使用回数の中央値を用いている。2 つの図を比較してみると、「資源」に関連する単語の使用回数に差が見られることが、両者のノードの大きさから一目瞭然である。松田産業では、企業価値の源泉を「リサイクルを通した循環型価値創造ビジネスモデル」であるとしており、そのモデルを通して形成される企業の強みやその取り組みが、企業の成長にどのようにつながるかを丁寧に説明している。例えば企業の強みの 1 つとして、貴金属のリサイクル技術を追求する過程で発展した産業廃棄物の処理・再資源化技術を挙げている。その中で、「リサイクル」「循環」「産業廃棄物」といった単語の使用回数が必然的に多くなっており、他社とのビジュアライズし

図 5.9 CSR レポートのビジュアライズ（E: 環境）

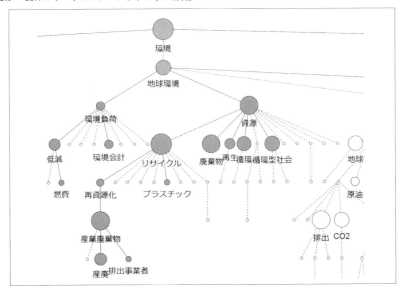

図 5.10 同規模の企業群の CSR レポートのビジュアライズ（E: 環境）

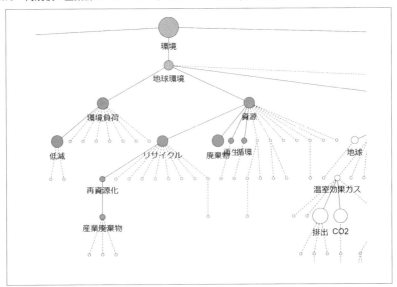

5 環境・社会・ガバナンス評価のためのテキストマイニング

図 5.11 CSR レポートのビジュアライズ（S: 社会）

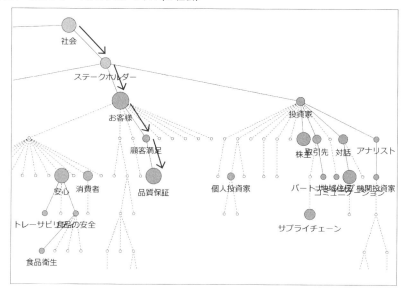

図 5.12 同規模の企業群の CSR レポートのビジュアライズ（S: 社会）

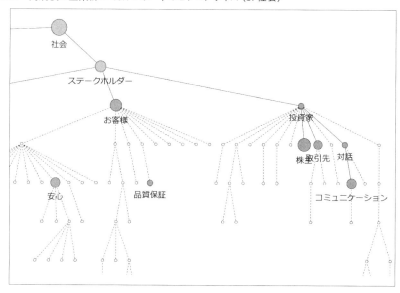

た結果の違いにつながっている。

　次に、Sについても比較をしてみよう。図5.11と図5.12は、社会に関するツリーの中で「ステークホルダー」と関連が深い部分を中心に比較した結果である。図5.11の結果から、松田産業のCSRレポートには、「お客様」「投資家」といったステークホルダーに関する単語が多く使用されていることが分かる。特に、「ステークホルダー」→「お客様」→「顧客満足」→「品質保証」というルートがつながっており、「品質保証を通じてステークホルダーであるお客様の満足度（＝顧客満足）を高める」という具体的な取り組みがCSRレポートに記載されていることが確認できる。これはまさに、「ステークホルダーの期待に応える」という同社の企業理念を反映してCSRレポートが作成されていることを示唆している。一方で図5.12の同規模の企業群の場合の結果を見ても、こうした具体的な取り組みについて確認できるようなルートは見られない。

　これらの結果から、松田産業のEやSに対する取り組みの度合いは、同規模の企業群と比較して高いと判断できるだろう。このように、CSRレポートをビジュアライズすることによって、個別企業のESGに対する取り組みについての記載を要約し、感覚的に把握できるようになる。さらに、要約された情報を見て気づいた点を、人間がレポートや関連情報を調べることで、その企業の取り組みについてより効率的かつ深く理解することができる。

② 定性的なESGに対する取り組みのスコア化

　ESG評価をする上で欠かせないポイントとして、ESGに対する取り組みの概要をつかむだけでなく、ESGに対する定性的な取り組みの度合いを企業間で比較することも挙げられる。ここでは構築したツリー構造をもとに個別企業のCSRレポートをスコア化して企業を比較する取り組みについて紹介する。ESGに対する定性的な取り組みの度合いを評価する切り口は様々なものが考えられるが、今回、CSRレポートの「記述量」と「詳細度」に注目してスコア化を行った。

　まず、1点目の「記述量」について説明する。環境問題に力を入れて取り組んでいる企業のCSRレポートは、環境関連の単語が繰り返し登場する可能性が高い。例えば、環境問題の中でも大気汚染に関する様々な取り組みを進めている企業ならば、大気汚染に関連する単語の使用回数は必然的に多くなるだろう。こうしたことから、CSRレポートの「記述量」は重要なポイントであるといえる。

　ただし、CSRレポートを単純にたくさん書いていればよいかというと、簡単にはそうだと言えないだろう。記述の「詳細度」も重要なポイントである。CSRレ

ポートを作成し公開することが当たり前になりつつある今、実際には ESG に対する取り組みをあまり重要視していない企業でも、他社のレポートなどを参考にして、「形式的に」レポートを作成していることが考えられる。しかし、課題に対する具体的な取り組みを進めていない企業の CSR レポートは、「環境に対する取り組みを進めています。」というような、具体性を欠いたあいまいな表現が多くなっている可能性が高い。それに対して、本当に ESG に力をいれて取り組んでいる企業の CSR レポートには、自社の ESG に関する課題についてきちんと整理し、それらの課題に対する詳細な取り組みが示されているだろう。

この「記述量」と「詳細度」の2つのポイントに注目し、CSR レポートのスコアづけを行った。まず、E・S・G それぞれのツリーに含まれる単語を、ツリー上の位置に応じて、それぞれ図 5.13 に示した2つまたは3つのテーマに分割した。そして、それぞれのテーマに属する総使用単語数をもとに「記述量」スコア、使用されている単語のツリーの最上位の単語（「環境」・「社会」・「ガバナンス」）からの平均距離をもとに「詳細度」スコアを算出した。詳細度スコアについては、CSR レポートに詳細な項目まで記載しているかどうかを評価したいので、下位の階層に位置する単語を使用するほど高くなるようにしている。また、E・S・G の単位で比較するため、各テーマのスコアを合成して E・S・G のそれぞれのスコアを計算した。

E・S・G の3つの集約スコアについて、2016 年度の CSR レポートの「記述量」・「詳細度」それぞれのスコアが高かった銘柄の例を表 5.2 に掲載した。なお、記述量が多くても詳細度が低いレポート（ただ一般的なことを書いているだけのレポート）や、詳細度が高くても記述量が少ないレポート（詳細な取り組みが記載されているが、そもそも情報量の少ないレポート）はバランスが悪く望ましくないので、詳細度スコア・記述量スコアがともに平均以上の企業だけを掲載対象とした。

記述量スコアランキングの上位企業には大企業が並んでいる。これは前述したように、大企業ほど自身の行動が周囲に与えるインパクトが大きくなるため、ESG

図 5.13　テーマの設定

E（環境）	S（社会）	G（ガバナンス）
・地球温暖化	・従業員	・役員
・エネルギー	・顧客	・内部統制／情報公開
・汚染	・投資家	

に対する取り組みに力を入れていること、情報公開に多くの資源を投入していることが背景にある。中でも、ソニーはEとGで上位に入っている。Eに関しては、2050年の環境負荷ゼロを目指して5年ごとに環境中期目標を設定しており、その目標の達成状況と今後の目標に関して「環境技術」、「製品・サービス」、「事業所」、「物流」それぞれの区分に分けて丁寧に説明している。結果として、記述量が多くなっていたことが高スコアを獲得した1つの要因である。また、Gに関しては、内部統制・情報公開に関するテーマに関する記述量が多いことが、高ス

表 5.2　CSRレポートスコア上位銘柄の例（順不同）

[記述量スコア]

E（環境）

企業名	業種
ソニー	電気機器
パナソニック	電気機器
大和ハウス工業	建設業
キリンHD	食料品
富士通	電気機器

[詳細度スコア]

E（環境）

企業名	業種
松田産業	卸売業
サンデンHD	機械
住友理工	ゴム製品
アンリツ	電気機器
クリナップ	その他製品

S（社会）

企業名	業種
トヨタ自動車	輸送用機器
日本電信電話	情報・通信業
東京海上HD	保険業
大和ハウス工業	建設業
MS&AD	保険業

S（社会）

企業名	業種
花王	化学
松田産業	卸売業
東レ	繊維製品
ニコン	精密機器
愛知製鋼	鉄鋼

G（ガバナンス）

企業名	業種
ソニー	電気機器
KDDI	情報・通信業
みずほFG	銀行業
MS&AD	保険業
スズキ	輸送用機器

G（ガバナンス）

企業名	業種
日立製作所	電気機器
KDDI	情報・通信業
三井住友FG	銀行業
キヤノン	電気機器
オムロン	電気機器

コア獲得の要因となった。CSR レポートが 458 ページにもわたることからも記述量の多さを確認でき、ESG に対して積極的な取り組みが見られる企業のひとつだといえる。次に、詳細度スコア上位銘柄を確認すると、記述量スコアの場合と異なり、大企業だけでなく中小企業も上位銘柄に入っていることが分かる。例えば、環境の詳細度で上位に入っているサンデンは、今回分析した企業の中では時価総額で見ると下位に位置する企業であるが、特にエネルギーに関する詳細度では評価が高かった。サンデンはカーエアコンや冷凍・冷蔵ショーケースの製造・販売などを主力事業としており、環境に対する取り組みの 1 つとして、暖房にエンジンの排熱が利用できない電気自動車などに向けて、ヒートポンプ技術で効率的に車内を暖めるエアコン製品を開発している。こうした取り組みについて記述する中で、エネルギーに関連する詳細な単語を使用していたことが高評価につながった。こうした環境技術開発は、短期的にはコスト要因となる可能性もあるが、中長期的には電気自動車などの環境対応車の普及が進むにつれて利益につながる可能性が高く、同社の持続可能性を意識した取り組みの一例といえるだろう。

また、ガバナンスの詳細度スコアで上位に入った日立製作所は、特に役員の項目で評価が高かった。日立製作所は 2003 年より指名委員会等設置会社に移行しており、取締役による監視機能と執行役による経営機能が分離され、迅速な意思決定が行える欧米型のガバナンス体制をいち早く取り入れている。また、取締役会についても、2015 年 6 月の時点で社外取締役が 13 人中 9 人、外国人が 5 人、うち女性が 2 人など、非常に多様性の高い構成になっている。このような他社に先駆けた取り組みに加えて、コンプライアンスなどについてもレポートに詳細に記述していることが、詳細度の高評価につながっている。

本章では、CSR レポートをもとに ESG への定性的な取り組みを評価するにあたって「記述量」と「詳細度」の観点を採用したが、これ以外の観点も考えられる。今回のスコアは絶対的なものではなく、評価の方法が変われば、当然上位銘柄の顔ぶれも変わってくる。ESG に対する評価には正解がないため、それぞれの投資家が ESG に対する明確なポリシーを設定し、それに従った評価基準を設定することが重要であると考えている。

5 本章のまとめ

本章では、定性情報から ESG に対する取り組みを評価する方法として、CSRレポートのテキストマイニングにより構築した単語のツリー構造をもとに、ビジュ

アライズ・スコア化する方法を紹介した。今回の定性情報の評価結果を定量情報の評価結果と組み合わせることで企業の持続可能性についてより深く分析することができるだろう。

　今回紹介した方法は、ESG 投資における投資銘柄の選択に利用するだけでなく、他の用途にも応用できる。例えば、投資家と企業の間のコミュニケーションツールとして利用することができる。近年、投資家が企業の ESG に対する取り組みについて対話を通して改善を促す取り組み（エンゲージメント）が進んでいる。対話の際に、企業との議論をより深めるために、CSR レポートをビジュアライズした結果を利用できる。また、企業側の立場でも、ESG に対する取り組みや情報発信の弱い点、強い点を把握するために、自社の CSR レポートをビジュアライズして同業他社と比較した結果を利用できる。

　従来型の財務情報による企業評価にとどまらない、ESG を中心とした企業の持続可能性評価に関する取り組みが投資家に求められている。今後は人間と機械がうまく役割分担をして企業評価に取り組むことがますます重要になってくるだろう。

参考文献
KPMG（2016），「日本におけるサステナビリティ報告 2016」，https://home.kpmg.com/jp/ja/home/insights/2017/04/sustainability-report-survey-2016.html

6

決算短信の
テキストマイニングによる
企業評価

本章では、前章まで行ってきたテキスト分析のより発展的な事例として、企業IR情報（決算短信）に記載されていたテキストを分析対象にして、ディープラーニングを用いた業績要因文の極性判定手法（ポジティブかネガティブかの判定）と、文章全体の書き振りが他社と比べて不自然でないかを極性の並び方で評価する手法を紹介していく。

1 決算短信を読もう

1 決算短信の構成

　読者の方々は決算短信をご覧になったことがあるだろうか？上場企業は四半期に一度企業の業績を報告するため、最新の企業業績を記載した決算短信を公表する。決算短信は適時性が高い業績情報であり、企業評価を行う上では非常に重要な情報ソースである。

　決算短信は図6.1のような構成であり、決算短信が開示する情報の中心は、（連結）財務諸表（貸借対照表、損益計算書、キャッシュ・フロー計算書など）であるが、それ以外にも様々な情報が含まれている。

　これらの情報のうち、①「サマリー情報」や⑦「連結財務諸表及び主な注記」といった定量情報は、財務分析のための基礎情報として古くから用いられてきた。財務項目（勘定科目）に四則演算などを行って自己資本比率や売上高営業利益率といった財務比率へと加工し、それらを用いて業績予想や信用リスク評価（格付評価）などを行っている。

　一方で、「添付資料」内の②〜⑤の「経営成績の概況」や⑥「今後の見通し」といった企業の意見が記載されているテキストには、定量情報からは得られない将来の企業業績や信用力を予想するのに役立ちそうな情報が含まれている。

　さらに決算短信のテキストの部分（②〜⑥）をよく見てみると、以下2つの特徴があることが分かる。

- 「ひな型」が存在しており、記載される内容やその順番が決まっている
- 慣行によって、文章表現方法、使用する単語がある程度決まっている

　これらはSNSなどの自由な書き方のテキストには無い特徴であり、決算短信は機械的な処理になじみやすい。

　このひな型を頭に入れつつ詳しく見ていくと、大きく2つに分けることができる。④「今期の業績」や⑤「セグメント別の情報」は定量情報の説明であり、そ

図 6.1 決算短信の構成

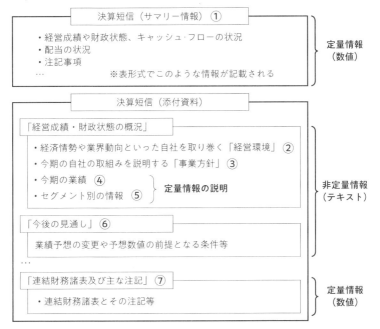

の企業の業績に関係する情報が多く含まれている。一方、それ以外の②、③、⑥は定量情報の説明ではなく、一般的な経済環境や各企業の外部環境、今後の事業方針などが語られている。④と⑤よりも企業業績に関係する情報の濃度は薄く、また文章の書き方も幅広くなる。このように、同じテキストであっても、その性質が異なるため、分析する際には別々のアプローチを取ることが望ましい。

本章では、決算短信のテキストの2つの部分を対象として、それぞれ別のアプローチを紹介する。本題に入る前に、次項で内容に基づいた文章の分類について触れておこう。

2 分析の目的にあった文章の抽出

大量にあるテキストを分析するにあたって、その分析の目的にあった文章だけを取り出しておきたい。例えば、図 6.1 の例では②経営環境と③事業方針が明確に分かれているが、実際には文章の境界は曖昧である。決算短信には複数の経営環境文が含まれており、すべて抽出するのは難しい。そこで経営環境文を例に、機械的に特定の文章を抽出する方法について考えてみたい。ここでは、教師あり

機械学習の一手法であるサポートベクターマシン（SVM）を用いている。その具体的なプロセスは、以下のとおりである（図6.2）。

① 決算短信（添付資料）冒頭文の抽出

　収集した決算短信の「決算短信（添付資料）」の最初の段落から、セグメントに関する記載が始まる段落の直前までの文章を抽出する。

② 教師データの作成

　①で抽出した文章の一部に対して、経営環境文には「1（正解）」を、それ以外の文章には「0（不正解）」というラベルを人手で付ける。

③ モデルの構築

　②でラベル付けした文章を教師データにして、SVMによるモデルに学習させる。

④ 経営環境文の抽出

　学習させたモデルによって、②でラベル付けされていない、残りの文章から経営環境文を抽出する。

ここでの方法は、経営環境文を取り出すことを目的としてモデルを学習させているが、例えば事業内容に関する文章を取り出したい場合には同様の手続きが必要となる。この方法以外にもトピックモデルと呼ばれる方法によって、文章を分類する方法もある。また別のアプローチとして、2節で用いる、ある特徴を持つ

図6.2　SVMによる経営環境文の抽出

① 決算短信（添付資料）冒頭文の抽出

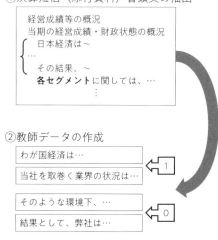

② 教師データの作成

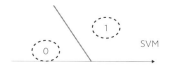

③ モデルの構築

④「経営環境」文の抽出

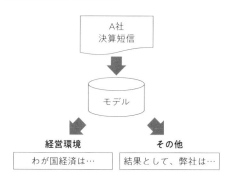

単語や文節から文章を分類する方法もある。

　以降では、このように分類した文章を分析していく。分析で鍵となっているのは極性である。これは文章や単語が「好調」「好転」のようにポジティブなのか、「不調」「悪化」のようにネガティブなのかを示している。

　2節では企業業績の内容を説明した「業績要因文」を文章の単位で評価し極性を付与する。3節では「経営環境文」の極性から文章の自然さや不自然さを計る。

2 ディープラーニングによる文章の極性付与

　本節では、企業が発表する決算短信に記述されているテキストを題材として、その中で企業の業績内容を説明している文章である業績要因文に着目し、その内容の極性を機械的に判定する手法を紹介する。これは成蹊大学の酒井准教授らとの共同研究による成果である。業績要因文の中には極性の付与が難しいものがあり一部しか利用できなかったが、手がかり表現を拡張することやディープラーニングを用いることで、すべての業績要因文に極性を付与することが可能となった。この極性が企業の将来の業績の方向を占う情報になりうるかどうかも検討していく。

① 手がかり表現と拡張手がかり表現

　企業の業績内容を記載している文章の抽出と、その文章の極性の判定を行うために、「手がかり表現」と呼ばれる文節に注目する。手がかり表現とは、例えば「好調でした」、「改善し」、「低迷した」、「伸び悩んだ」というものである。そして、「好調でした」や「改善し」はポジティブなことを言っていると思われるため、これらの手がかり表現の極性はポジティブ、残りの2つの手がかり表現の極性はネガティブと判定する。

　しかし、手がかり表現の中には文脈によってポジティブな意味にもネガティブな意味にもなりうるものがあり、これらの判定は難しい。例えば、「増加した」という手がかり表現の場合、「収益が増加した」であればポジティブな表現、「借入金が増加した」であればネガティブな表現になる。手がかり表現の前後に出てくる単語を見ておかないと、正しく極性を付与することができないことが分かる。このように手がかり表現にいくつかの文節を組み合わせることで、極性の判定ができる表現のことを「拡張手がかり表現」と呼ぶ。

さらに、一見すると拡張手がかり表現のように見えても、機械的に判定が難しいものがある。例えば「堅調に推移」や「厳しいまま推移」のようなもので、これらは人間ならば文脈から簡単に極性を判定できるものばかりである。そこで、ディープラーニングを用いることで、業績要因文すべての極性が判定できるようにした。

2 業績要因文の極性判定

　本項では、企業の決算短信から業績要因文を自動的に抽出し、その記載内容の極性を判定する手法を紹介する。

　図6.3は極性判定のイメージである。点線で囲まれている①②は極性付与可能な手がかり表現を含んでいる業績要因文で、太い実線で囲まれている②③は拡張手がかり表現を含んでいる業績要因文である。②の例文では、「悪化し」が極性付与可能な手がかり表現で、「採算が悪化し」が拡張手がかり表現となっている。④は「堅調に推移」のように、極性付与可能な手がかり表現も拡張手がかり表現も含んでいない業績要因文である。①～③の業績要因文は極性を持つ手がかり表現や拡張手がかり表現をもとに、文章に極性を付与することはできる。一方、④の業績要因文にはこれらの表現が含まれていないため文章に極性を付与できない。そこで、①～③に含まれる業績要因文（全体の約40%）をディープラーニングに

図6.3　極性判定のイメージ

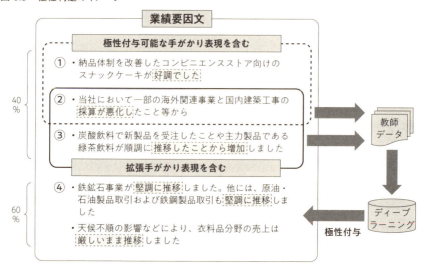

学習させることにより、④に含まれる業績要因文（全体の約60%）に極性を付与する。これによって、極性が付与された業績要因文は倍以上となった。

STEP1：手がかり表現リストの作成

決算短信から手がかり表現を自動的に獲得する。「が好調」、「が不振」という2つの表現を種語として与える。次に、これらの種語に係る節を自動的に取得し、その中で共通して頻出していた表現を取り出す。そして、それらの表現が係る節を新たな手がかり表現とする。このプロセスの繰り返しにより手がかり表現のリストを作る。

STEP2：手がかり表現に極性を付与

手がかり表現に対して人手で極性を付与する。ただし、「推移する」など極性を付与できないものもある。

STEP3：決算短信から業績要因文の抽出

企業の業績に関連するキーワードを用意しておく。例えば、セイコーエプソンの場合ならば、「デバイス精密機器事業」「センサー産業機器事業」「インクジェットプリンター」である。

そして、手がかり表現と企業の業績に関連するキーワードとの両方が含まれていた文章を業績要因文とする。例えば、「主力であるデバイス精密機器事業が好調だった」である。

STEP4：拡張手がかり表現の獲得

複数の業績要因文に頻出している手がかり表現と、それにかかる文節の組み合わせを取り出す。このうち、機械的に極性が付与できた組み合わせを拡張手がかり表現とする。具体例として、「改善し」という手がかり表現から取得された拡張手がかり表現の一部を表6.1に示す。

表6.1 「改善し」から取得された文節の列

文節列	拡張手がかり表現
大幅に	大幅に改善し
大きく	大きく改善し
利益率が	利益率が改善し
収益が	収益が改善し
採算が	採算が改善し

STEP5：業績要因文に極性を付与

②や③のように拡張手がかり表現が含まれている業績要因文には、その拡張手がかり表現の極性を付与する。①の業績

要因文には、含まれる手がかり表現の極性を付与する。

STEP6：STEP5で極性を付与できない業績要因文に極性を付与

STEP5までで極性を付与した①〜③の業績要因文を教師データとして、ディープラーニングで学習させる。これによって、④の業績要因文の極性を付与する。

STEP6で極性を付与した業績要因文を以下に記す。この文章の下線の部分は手がかり表現とそれにかかる文節の組み合わせである。今まで極性が付与できなかった「推移」「継続」といった表現を含む業績要因文にも極性を付与することができるようになった。

ポジティブな業績要因文	ネガティブな業績要因文
・鉄鉱石事業が<u>堅調に推移</u>しました。他には、原油・石油製品取引および鉄鋼製品取引も<u>堅調に推移</u>しました ・首都圏の分譲マンションを中心に高い契約率が持続するなど全体としては概ね順調に推移しました	・天候不順の影響などにより、衣料品分野の売上は<u>厳しいまま推移</u>しました ・パソコン・デジカメ向け用途等では<u>市況低迷が継続</u>し

ディープラーニングによる効果を調べるために、STEP5までで極性が付与できなかった業績要因文から無作為にテストデータを抽出し、人手で与えた極性を正解として、機械的な判定結果を検証する。ここでは機械が判定した極性の精度と、機械による正解の再現率の2つの評価指標を用いる。精度と再現率の定義を表6.2に示す。

精度とは機械がポジティブと判定（①＋②）（ネガティブ（③＋④））した業績要因文のうち、正解がポジティブ（①）（ネガティブ（④））の割合で、正確に極性を判定できたかどうかを表す指標である。再現率とは、実際の正解がポジティブ（①＋③）（ネガティブ（②＋④））である業績要因文のうち、機械がポジティブと判定（①）（ネガティブ（④））した割合で、機械的な判定がどれだけ正解を再現できているかを表す指標である。

図6.4は本項の手法の精度と再現率である。すべてが70％を超えており、人手に近い極性判定を行えていることが分かる。STEP5までの手順では極性を与え

112

表 6.2 精度と再現率の定義

		正解		精度
		ポジティブ	ネガティブ	
機械の判定	ポジティブ	①	②	$\dfrac{①}{①+②}$
	ネガティブ	③	④	$\dfrac{④}{③+④}$
再現率		$\dfrac{①}{①+③}$	$\dfrac{④}{②+④}$	

図 6.4 極性判定の精度・再現率

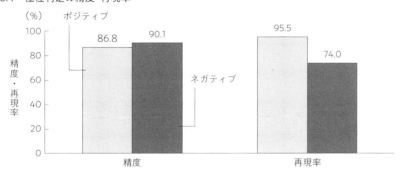

ることができなった業績要因文でも、ディープラーニングを用いることによって高い精度で極性を判定できていることが分かる。

3 極性判定結果と業績予想との関係

　前項による手法を用いて付与された極性と、企業が発表する業績予想との関係について調べてみよう。

　上場企業は四半期ごとの決算発表のタイミングで、本決算における業績予想の開示とその修正の有無を発表する。経営者は次回本決算で業績が上振れすることをある程度知っていたとしても、市場に与える影響の大きさを配慮するなど何らかの理由によって、予想値の修正を保守的に行う場合があると考えられる。一方、投資家には、よりタイムリーに正確な業績予想値を知りたいというニーズがある。そこで、決算短信の業績要因文の中から将来の業績予想をうかがう情報が取り出せないかと考えた。以下では、決算短信の業績要因文のポジティブ（ネガ

ティブ)の極性判定結果は、企業の将来の業績の方向を占う情報になりうるかどうかを検証する。

具体的な分析手順は以下のとおりである。2017年3月期の本決算を例にした場合を図6.5に示す。2016年3月、6月、9月、12月と計4回決算が発表され、その中に業績予想が含まれている。これが2017年3月にどの程度達成されたのかを評価したい。達成した度合いの評価には、業績予想の売上達成率(＝実績売上高÷売上高業績予想)を使う。

売上達成率の予測に利用する情報は、決算短信に含まれる業績要因文の極性である。ある企業のある決算期の決算短信に含まれていたすべての業績要因文に極性を付与し、極性がポジティブの業績要因文の数からネガティブの数を引くことで、決算短信の極性値を計算する。2008年以降の極性値の平均からの乖離を極性値スコアとする。平均からの乖離を求めたのは、企業ごとのポジティブないしネガティブの偏りを取り除くためである。

この極性値スコアがプラス方向(マイナス方向)に大きかったとき、売上達成率も高かったか(低かったか)を調べる。そこで、極性値スコアにより分析対象企業を3つのグループに分割し、極性値スコアが高い方から順に、各グループをポジティブ、ニュートラル、ネガティブと呼ぶことにした。最後に、これら3つのグループについて、前4Qから3Qまでの売上達成率の平均を求めた。その結果を示したものが図6.6である。

図6.6より、前4Qから3Qのいずれの四半期においても、業績予想の売上達成率はポジティブ→ニュートラル→ネガティブの順で右下がりに小さくなっていく。決算短信の業績要因文の極性判定結果は、企業の将来業績の方向を占う情報にな

図6.5 各期の業績予想と実績決算の対応状況

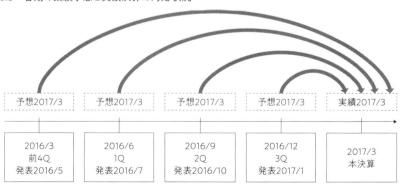

6 決算短信のテキストマイニングによる企業評価

図 6.6 業績要因文の極性と業績予想との関係

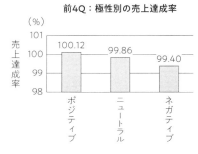

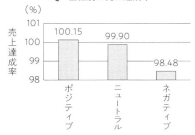

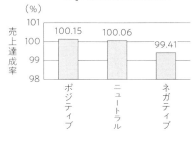

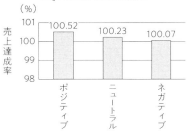

りえたことを示唆している。このことから、今までは一部の業績要因文しか極性を付与することができなかったが、すべての業績要因文に極性を付与できるようになり、抽出される情報の質も維持できているといえよう。

3 スピンモデルによる文章の「不自然さ」の評価

本節では、定量情報と直接紐づかない経営環境文に焦点を当てる。そして、多くの企業の経営環境文の書き振りを比較した上で、個社の経営環境文を評価する手法について紹介する。この手法を使って、決算短信のテキストの中から、業績予想値には表れていない企業の将来見通しに関する情報を手に入れてみたい。なお、経営環境文の抽出方法については、1節2項で述べたとおりである。

本節で紹介するモデルの特徴は、文章の書き振りの「不自然さ」を評価するところにある。個社の経営環境文はそれを単体で見ると、本来企業の状況を誠実に表現したものなので、そこに不自然な表現が含まれているとは考えにくい。ここでいう「不自然」とは、多数の企業の経営環境文の書き振りを比較して異なる書

き振りをしているものをいう。

　例えば、好況期で多くの企業の業況が上向いている状況において、「業況悪化の兆し」という文章があると、多数とは異なる書き振りとして「不自然」と捉える。多数派を「自然」、少数派を「不自然」と定義しているのである。このことを念頭において読み進んでもらいたい。

1　「不自然さ」を計る

　スピンモデルの説明に入る前に、経営環境文について簡単に触れておこう。経営環境文は世界経済や日本経済の動向について自らの所感を述べるところから始まり、それに続いて例えば

- 当社グループの属する業界においては、中国市場の拡大を背景とした電子部品の需要増が続いております。
- 自動車部品市場は、完成品需要の鈍化に伴い、縮小傾向にあります。

といった業界動向に関する自社の意見について述べる。これらは自社の決算の定量情報と直接的には紐づいておらず、かつ、企業の意見が多く含まれていると思われる。

　このような文章の「不自然さ」を評価するスピンモデルはどのようなものか、まずは極性の捉え方から説明していく。

　スピンモデルは単語の極性を、

ポジティブな単語＝↑、ネガティブな単語＝↓

という「方向」に読み替える。

　例えば、「コア事業が**堅調**に推移したものの、その他の売上は**厳しい**まま推移し、市況は引き続き**低迷**しました」

という文章は「**堅調（＋）**」「**厳しい（－）**」「**低迷（－）**」といった具合に単語が並ぶので、

「↑↓↓」

という風に読み替える。この並び方が重要になる。

　加えて、景況指標を好況（↑）／不況（↓）と読み替えて、単語の極性の並びとの関係も捉える。

　スピンモデルの評価の特徴をまとめよう。

　　特徴① 景気の方向と単語の極性の一致不一致

　　特徴② 単語の極性の並び方

表 6.3　スピンモデルによる極性評価値の計算例

単語の極性			特徴①		特徴②		極性評価値
単語1	単語2	単語3	↑の数	↓の数	同方向の連続	異方向の連続	
↑	↑	↑	3	0	2	0	2.5
↑	↓	↑	2	1	0	2	1.5
↑	↑	↓	2	1	1	1	1.0
↓	↑	↑	2	1	1	1	1.0
↓	↑	↓	1	2	0	2	−0.5
↓	↓	↑	1	2	2	1	−1.0
↑	↓	↓	1	2	1	1	−1.0
↓	↓	↓	0	3	2	0	−3.5

の2つである。

　スピンモデルは、特徴①と特徴②を合わせて、文章全体に1つの極性評価値を与える。表 6.3 は好況の場合の極性評価値の計算例で、単純にするために単語が3つの場合の極性の並び方（全8通り）で説明している。表の特徴①では、景気の方向と一致する極性の単語と不一致の極性の単語を数えている。特徴②は、同方向もしくは異方向の極性が連続している数である。この4つの数に重みづけをして合算したものが極性評価値である。

　例えば、上から二番目の「↑↓↑」の場合は、

$$(2 - 1) - 0.25 \times (0 - 2) = 1.5$$

と極性評価値が計算される。ここでは、重みは 0.25 としている。

　「自然」「不自然」の判定では、まず評価対象となる企業全体の文章に極性評価値を付与して、極性評価値の分布を作成する。そして、その分布の中でどこに位置するかによって「自然」、「不自然」を分類する。

　図 6.7 は各企業の極性評価値のヒストグラムで、頻度の多いものから少ないものへと並べたものである。グラフに対応する極性の並びは左側に記載した。また、8つの極性の並び方を4つのグループ①〜④に分類し、線で囲んである。

　好況（↑）の時期には極性の並びがグループ①の↑↑↑のように記載をしている企業が最も多くなっており、このような記載が「自然」と評価される。一方、好況なのにネガティブな記載が並ぶグループ④の↓↓↓は少なく、「不自然」と評

価される。

　グループ①の次に「自然」と評価されるのはグループ②のなかの↑↓↑で、↑の構成割合が同じグループの↑↑↓、↓↑↑より多く、「自然」という評価になっている。↑↓↑は矢印の方向が連続しておらず、ポジティブとネガティブの表現が交互になる記載をする企業が多いということである。おそらく、多くの企業がポジティブな話題を述べている中にあっても、中立性を意識してところどころにネガティブな話題を織り込む傾向があるためと予想される。

　同様にグループ③の中も矢印の方向が連続していない↓↑↓が多く、より「自然」という評価になる。

　不況（↓）の場合で、スピンモデルの評価値の構成割合と対応する極性の並び方を示したものが図 6.8 である。図 6.7 同様に並び方で 4 つのグループに分けてあるが、分布の順には同様の傾向があることが分かる。

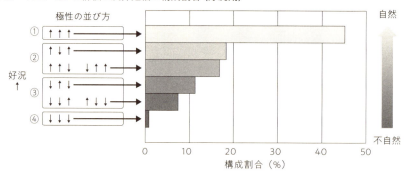

図 6.7　スピンモデル評価と決算短信の構成割合（好況期）

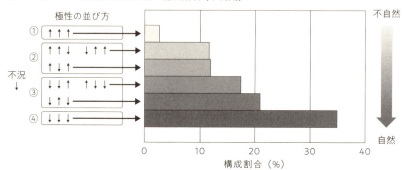

図 6.8　スピンモデル評価と決算短信の構成割合（不況期）

2 経営環境文の定量化

それでは次に、経営環境文を評価してみよう。

図6.9に経営環境文の例をいくつか示した。これらの例文の極性を、読者の方々はどう判断するだろうか？

文章ごとに極性を判定する最も簡単な方法は、その文章の中でポジティブな極性を持つ単語とネガティブな極性を持つ単語の出現回数をカウントし、それぞれの数の合計の差を計測するものである。図6.9の例文には、分かりやすくするために、ポジティブな単語には「下線」を、ネガティブな単語は「下線+斜体」をつけておいた。例文A〜Cに含まれるポジティブな単語とネガティブな単語の数を数えると、例文は表6.4のように評価される。

しかし、人が決算短信の財務テキストを読む際には、「この文章がどのような時期に書かれたものか」という背景を把握した上で、他社の書き振りと比べながら評価する。この背景情報の有無で文章の与える印象は大きく変わる。例文Aは2015年に書かれたものであり、景気が好転しており、例文BやCは2010年の文章で、この時期はリーマンショック後の景気低迷期であった。この背景情報に基

図6.9　経営環境文の例

A：「雇用環境が改善し、日経平均株価が概ね上昇基調で推移するなど、日本経済は引き続き好調だったものの、個人の消費性向の変化により、業況にはやや不透明感が残ります。」(2015年)

B：「グローバル金融危機の影響で経済活動が低水準に留まり、設備投資等も低迷を続けております。そのような中、当業界の一部で収益性の高い事業への展開を開始するといった光明も見られましたが、総じて業界全体としては厳しい収益環境が続いております。」(2010年)

C：「グローバル金融危機の影響で経済活動が低水準に留まり、設備投資等も低迷を続けております。政府が国を挙げて景気対策を実施しておりますが、総じて厳しい収益環境が続いております。」(2010年)

表6.4　簡単な極性の評価

	例文A	例文B	例文C
ポジティブ	3	1	0
ネガティブ	1	3	3
差	2	−2	−3
判定	ポジティブ	ネガティブ	ネガティブ

づいて人が評価してみると、次のようになる。

例文A

2015年は景気が好転してから長く、2015年3月の決算で他社は軒並み良いことを書いていた。しかし、例文Aでは業況にまだ不透明感が残っていると書かれており、ネガティブと判断できる。

例文B

2010年3月期がリーマンショック後の厳しい経済環境だったことを踏まえると、ネガティブな単語が多くなるのは当たり前だが、そのような環境にあっても収益性の高い事業が登場するというプラス要素が述べられていることから、ポジティブと判断できる。

例文C

例文Bと同じく2010年3月期で、厳しい経済環境だったので、ネガティブな単語が頻出するのはむしろ当たり前である。この時期は他社も似たり寄ったりの状況だったため、ニュートラル(ポジティブでもネガティブでもない)と判断できる。

表6.5に例文A〜Cの評価結果をまとめた。このように、背景となる景況感などの知識をもった上で文章を読むと、機械的な手法とは異なる評価が与えられる場合がある。特に例文AやBは逆の評価が与えられてしまっている。経営環境文を読み解くためには、景況感などの背景情報に基づき、他社の書き振りと比較しつつ評価する必要がある。

ここでスピンモデルの評価の特徴をおさらいしよう。
　　特徴①　景気の方向と単語の極性の一致不一致
　　特徴②　単語の極性の並び方
の2つである。
　それでは、スピンモデルによってこの3つの例文を評価していこう。例文を他

表6.5　人と機械による極性の評価の比較

	例文A	例文B	例文C
機械による評価	ポジティブ	ネガティブ	ネガティブ
人による評価	ネガティブ	ポジティブ	ニュートラル

120

社の書き振りと比較するために、東証1部2部上場企業のうち約1,500社の決算短信の経営環境文をスピンモデルにより分析した。

　例文Aの極性の流れは次のようになる。

例文A（2015年↑）：
　　「改善↑」→「上昇基調↑」→「好調↑」→「不透明感↓」

　例文Aには、好調だった景気の方向と一致するポジティブな単語が並んでいたが、最後のところに方向が一致しない単語が出現していた（特徴①）。また、極性の並び方は「↑↑↑↓」となっている（特徴②）。2015年のスピンモデルによる分布のヒストグラムが図6.10であるが、例文Aは同様の書き振りをしている決算短信の構成割合は少なく、「不自然」と評価される。
　次に、不況期の例文Bの極性の流れを見ていこう。

例文B（2010年↓）：
　　「低水準↓」→「低迷↓」→「収益性の高い↑」→「厳しい↓」

　2010年はマクロ環境が悪化していた局面だったので、景気の方向と一致したネガティブな単語が並んでいたが、例文Aと同様、一部に方向が一致しない単語が出現していた（特徴①）。また、極性の並び方は「↓↓↑↓」となっている（特徴②）。図6.11は2010年の各決算短信の評価の分布をヒストグラムで示したものであるが、例文Bと同様の書き振りをしている決算短信の構成割合は少なく、どちらかというと「不自然」と評価される。

　最後に、例文Bと同時期の例文Cのケースを見ていこう。

例文C（2010年↓）：
「低水準↓」→「低迷↓」→「厳しい↓」

　例文Cは、厳しい景気の方向と一致したネガティブな単語が多かった（特徴①）。また、極性の並び方は「↓↓↓」と、ネガティブな単語ばかりを並べていた（特徴②）。図6.11に例文Cを記載した決算短信の位置を示しているが、最も構成割合が多いところに位置しており、「自然」な表現であることが分かる。
　ここまでで、スピンモデルによる経営環境文の「自然」、「不自然」の評価について見てきた。その評価が、文章全体をポジティブと捉えるのかネガティブと捉

図 6.10　2015 年（好況期）における例文の評価

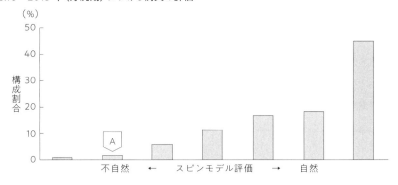

図 6.11　2010 年（不況期）における例文の評価

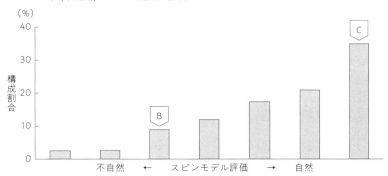

えるのかを考えたい。表 6.6 は、スピンモデルの評価の解釈をまとめたものである。

　好不況にかかわらず、「自然」と評価されることはほぼ一般的な書き振りであり、そこには情報はないと考えられるためニュートラルと解釈した。

　問題は「不自然」の場合である。好況期に景気に逆行する極性が多く混じっている文章は、先行きの不安材料の現れでありネガティブ、逆に不況期に「不自然」なのは先行きの明るさの現れでありポジティブと解釈できる。

　3 つの例文で人による評価とスピンモデルによる結果の解釈を比較してみよう。表 6.7 がその結果である。経営環境文のスピンモデルによる結果の解釈は、人による評価と一致するものとなった。これはスピンモデルが、特徴①景気の方向と単語の極性の一致不一致、特徴②単語の極性の並び方の両方を評価するモデルであるからであり、機械による文章の評価をより人に近づけたといえるものである。

6　決算短信のテキストマイニングによる企業評価

表 6.6　テキストの自然不自然の評価

	自然な文章	不自然な文章
好況期	ニュートラル	ネガティブ
不況期	ニュートラル	ポジティブ

表 6.7　スピンモデルの評価と人による評価

	例文A	例文B	例文C
景気の方向	好況	不況	不況
スピンモデル	不自然	不自然	自然
結果の解釈	ネガティブ	ポジティブ	ニュートラル
人による評価	ネガティブ	ポジティブ	ニュートラル

3 経営環境文と業績予想の達成率の関係

　それでは、スピンモデルによる経営環境文の解釈はどのようなことに活用できるのだろうか。文章のなかに先行きを表す表現が隠れているとすると、スピンモデルの評価によるポジティブ、ネガティブの解釈で将来の企業業績の変化を占うことができるかもしれない。

　そこでスピンモデルの評価により、決算短信の記載がポジティブと解釈された企業とネガティブと解釈された企業との業績予想の達成率を比較する。

　2008 年 3 月期から 2015 年 3 月期までの期間を失業率によって好況期か不況期かを判定[1]し、それぞれの景気局面で、ポジティブ（ネガティブ）と解釈された企業とそれ以外の企業（ニュートラル）の平均的な「利益達成率（＝（実績利益－予想利益）÷総資産）」を比較した（図 6.12）。

　好況期（不況期）には自然な書き振りをしてニュートラルと解釈された企業よりも、不自然な書き振りをしてネガティブ（ポジティブ）と解釈された企業の平均利益達成率のほうが低かった（高かった）。この利益達成率との関係は、好況期の方が顕著であり、好況期に不自然な書き振りをしてネガティブと解釈された企業の業績は予想より悪化する可能性が高いということを示唆している。

1　好況期と不況期を「失業率の過去平均からの乖離幅の正負」によって機械的に判定した。その結果、2009 年 3 月期～ 2012 年 3 月期が不況期、2008 年 3 月期と 2013 年 3 月期～ 2015 年 3 月期が好況期と判定された。ただし、2011 年 3 月期については、東日本大震災の影響で通常とは異なる記載内容になっている企業が多かったため、分析対象から除外した。

123

図 6.12　決算短信の書き振りによる利益達成率の違い

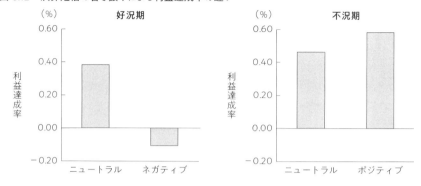

この結果から経営環境文には将来の業績を占う情報が隠れており、スピンモデルによる文章の「不自然さ」の評価はその情報を上手く引き出す手法として活用できることがわかった。

4 本章のまとめ

本章では、企業の決算短信に記載されたテキストを題材として、2節では企業の業績要因文、3節では経営環境文を対象に分析を行った。

2節では、拡張手がかり表現とディープラーニングを用いることで、極性が判定できない業績要因文に極性を付与する方法を紹介した。さらに、モデルで判定した極性が、企業の将来の業績を占う情報になりうることを示した。

3節では、テキストの総合的な評価手法の1つを紹介した。ここでは、ある企業の決算短信の経営環境文の書き振りが他社と比べて「自然」なのか「不自然」なのかを人と同じように評価できるスピンモデルを構築した。スピンモデルによる評価結果は、極性値の合計による判定よりも情報の評価精度がより人に近く、業績予想達成率の予測に有用であることが分かった。

近年、自然言語処理技術の発展と普及は急速に進んできている。自然言語処理用の汎用ライブラリをいくつか組み合わせるだけで、テキストの形態素解析や構文解析を誰でも容易に行えるようになった。ただし、より高度な評価を行おうとなると、様々な技術的課題が残っている。特に金融実務への応用はまだ緒についたばかりといえるだろう。

資産運用やリスク管理などで企業評価を行う場面では、経験豊かな実務家が1社ずつ丁寧に評価したり、機械が多数の銘柄を一括で評価したりしている。後者においては、従来は簡単に処理できる定量情報が主に参照されてきた。これからは本章で見てきたように、経験豊かな実務家が非定量情報に対して行っているのと同様の評価を機械でも可能にする技術が開発され、企業評価の高度化に寄与していくだろう。

参考文献

酒井浩之, 西沢裕子, 松並祥吾, 坂地泰紀 (2015),「企業の決算短信 PDF からの業績要因の抽出」, 人工知能学会論文誌, 30(1), 172-182.

酒井浩之, 坂地泰紀, 山内浩嗣, 町田亮介, 阿部一也 (2017),「深層学習と拡張手がかり表現による業績要因文への極性付与」, 人工知能学会第18回金融情報学研究会, 38-43.

辻晶弘 (2017),「決算短信テキスト情報と業績予想」, 日本ファイナンス学会第25回大会予稿集.

7

マクロ経済分析のいま

1 経済の細部が見えるようになってきた

1 情報ソースの拡大

　近年、マクロ経済分析に大きな変化が生じている。従来のマクロ経済分析は、マクロ経済指標や金融市場データのみを利用した研究がほとんどであった。ところが昨今、個人の消費行動から中央銀行の発表文書まで経済活動に関する様々な情報を利用して、マクロ経済の状態を把握する取り組みが進んでいる。

　以下のリストは、マクロ経済分析に利用できる主要な情報ソースを示している。Eurostat（欧州連合統計局）のレポートで取り上げられたものだが、マクロ経済を知るためのデータの広がりを感じることができる。

1　金融市場
2　電子決済
3　モバイル端末
4　センサー、IoT（Internet of Things）データ
5　衛星画像
6　POS
7　Webで閲覧できる商品の価格
8　Webの検索履歴
9　テキスト
10　ソーシャルメディア

　POS（Point Of Sales）、電子決済、モバイル端末など個人や企業の行動履歴を蓄積する手段が増え、経済活動の細部が見えるようになってきた。SNS上で発信された膨大なテキスト情報を解析し、人々の景況感を知ることも可能になりつつある。

　日本でビッグデータを活用したマクロ経済分析が広く認知されるようになったのは、東京大学の渡辺努教授らのグループが開発した東大日次物価指数の登場によるところが大きい。人々がスーパーのレジで清算をすると、購入した商品とその価格はPOSデータとして記録・収集される。このPOSデータを集計したものが東大日次物価指数である。国の消費者物価指数は、例えば、1月分の消費者物価指数は2月下旬に発表されるなど約1カ月後に値を知ることができるが、東大日次物価指数は文字通り日次で公表されるため、速報性において圧倒的なアドバンテージがある。他にも、リアルタイムに物価動向を知るために、Web上の価格

128

情報を利用することもある。例えば Amazon のホームページには、本だけでなく電化製品や日用品など様々な商品と、その価格が公開されている。こういった Web 上の価格情報を収集・加工し、物価をリアルタイムに計測しようという研究事例も存在する。

　同じような取り組みが、多くの商品やサービスに拡張されつつあり、いずれ経済統計は大きく変わっていくだろう。実際、総務省では消費統計の改善に向けたビッグデータの活用が検討されている。9章のインタビューで登場する慶應義塾大学の星野崇宏教授もこの検討プロジェクトに参加し、POS、EC（Electronic Commerce）、クレジットカードなど多様なソースから得られたデータを統一的に取り扱い、より実態に近い消費統計の構築に向けた研究に取り組んでいる。個々のデータソースで観察できるのは、あくまでも経済活動の一部でしかない。POS や Web 上の価格データも一部の商品しかカバーしていないため、本当に一般的な物価の動きを表しているのかという批判も多い。このプロジェクトでは、これらのデータを互いにつなぎあわせることで、カバーする商品やサービスの範囲を広げようとしている。

2 人々の景気判断と将来予想

　"In determining whether it will be appropriate to raise the target range at its next meeting, the Committee will assess progress--both realized and expected--toward its objectives of maximum employment and 2 percent inflation."

　（次回会合で金利引き上げが適切かどうかを決定する際には、雇用の最大化と物価上昇率2%という目標に向けた、現在の前進ぶりと今後の改善の予測の両方を評価する。）2015 年 10 月 28 日に連邦準備制度理事会（FRB）により発表された声明文より、筆者抜粋・翻訳

　2015 年 10 月、米国の金融政策決定会合にあたる FOMC（Federal Open Market Committee、連邦公開市場委員会）終了後に発表されたこの声明文に、次回 FOMC 会合での利上げを示唆する文言が追加された。そのため、市場では一気に 12 月会合での利上げを織り込む展開となった。実際に、12 月会合で FOMC は利上げを決定し、米国はリーマンショック以降、約 7 年間続いたゼロ金利政策からようやく脱却した。中央銀行は、声明文や会見などを通じて将来の金融政策の見通しを市場に伝えている。図7.1 は 2015 年後半の声明文発表前後の株価と金利の推移だが、市場参加者は、FOMC の結果を受けて経済環境の見通しを変更し、投資行動に移したと推察できる。

図 7.1 2015 年後半の米国株式市場、債券市場の動き

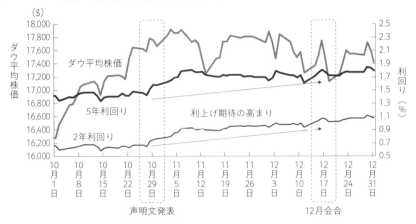

　標準的なマクロ経済学では、投資家だけでなく家計や企業も、自らの将来見通しを踏まえて現在の消費・投資行動を決定する、と仮定している。そのため足元のマクロ経済を分析する際には、人々が将来をどのように見通しているのかを知る必要がある。例えば、日銀短観、景気ウォッチャー調査、消費動向調査などのアンケート調査は、家計や企業の見通しを調べる伝統的な方法である。もちろん専門家の経済予想も、人々の将来見通しを知るための有益な情報であろう。そして、昨今注目されているのが、ニュースやSNS上のテキスト情報である。SNS上に散在している人々の意見や考えを集約し、景況感指数やセンチメント指数を構築するという取り組みが盛んに行われている。

　それに加えて、人々の将来見通しに強い影響を与えうる、政府や中央銀行の発表文書を解析することも重要であろう。日本でも、2012年に安倍首相が就任し、安倍首相に任命された黒田日銀総裁が大胆な金融緩和の推進をはっきりと宣言した。この政策が実態経済にどのような影響を与えたのかは意見が分かれるところだが、少なくとも市場参加者の将来見通しに大きな影響を与えたからこそ、円安と株高が進んだのではないだろうか。したがって、政府や中央銀行の発表文書から政策意図を読み取り、そこから人々の将来見通しを動かすような情報を抽出できれば、マクロ経済分析において極めて有益であろう。

　このようにマクロ経済分析で利用できる情報が拡大してきたことによって、足元の経済状態をより正確に評価できるようになるだけでなく、人々の将来見通しも定量的に分析できる可能性が出てきた。本章では、最近のマクロ経済分析の動

7 マクロ経済分析のいま

向を、米国を対象にした2つの研究事例を通じて紹介していく。米国は世界経済に対して大きな影響を与え、かつ先端的なマクロ経済分析は米国を対象にしたものが多い。よって、日本経済ではなく米国経済を対象にした研究事例を掲載する方が、マクロ経済分析の動向を紹介するのに適切であると考えた。

2 経済状態をリアルタイムに知る

1 なぜ"今"の経済状態を予測するのか?

各国の中央銀行は、経済環境の現状を適切に判断した上で金融政策を決定している。足元の経済状態を精緻に捉える方法についても、多くの研究がなされている。「なぜ今の経済状態を予測する必要があるのだろう。今日の日経平均株価など、経済データはリアルタイムに知ることができるではないか。」と違和感を覚える読者もいるかもしれない。ところが、GDP（国内総生産、Gross Domestic Product）や消費者物価指数などのマクロ統計は、通常半月以上後になって値が発表されるため、リアルタイムに知ることはできない。これはマクロ統計のもとになっている企業や家計の経済活動を集計するのに、膨大な時間を要するためである。

図7.2は2017年10月の米国経済統計の発表スケジュールの一部を抜粋したものである。第一週の金曜日に9月の失業率が公表され、下旬に7-9月期実質GDP（物価変動の影響を除いたGDP、以下単にGDPと呼ぶ）が公表される。9月の経済状態は、指標の公表に伴い、少しずつ実態が明らかになっていく。さらにいえば、10月に発表されるGDPは速報値でしかなく、確報値は12月にようやく分かる。

つまり、中央銀行が今日の経済状態を知るためには、それまでに公表された様々なデータを駆使して予測するしかない。このような、今（Now）の経済指標をリアルタイムに予測（Forecasting）する方法論はナウキャスティング（Nowcasting）と呼ばれている。米国のアトランタ連銀は、GDP Nowという名称でナウキャスティングの結果を公表している。GDPは3カ月ごとにしか発表されないが、GDP NowはGDPの構成要素である鉱工業生産指数や小売売上高など、月次で発表される他の経済指標を利用することで、今のGDPをリアルタイムに推計している。1節で紹介した東大日次物価指数は、店頭の販売価格を通じて経済の一部の動き（物価）を詳細に観察しようという取り組みであるが、GDP Nowのような、多様なデータを組み合わせながらマクロ経済全体の状態をリアルタイ

131

図 7.2　2017 年 10 月の米国主要マクロ統計の発表日

月	火	水	木	金
2	3	4	5	6
9月 ISM製造業		9月 ISM非製造業 FRB議長発言	8月 貿易収支	9月 非農業部門 雇用者数変化 9月 失業率
9	10	11	12	13
				9月 消費者物価 指数 9月 小売売上高
16	17	18	19	20
	9月 鉱工業生産 指数	9月 住宅着工件数 9月 建設許可件数	9月 景気先行指標	9月 中古住宅 販売件数
23	24	25	26	27
		9月 新築住宅 販売件数		7-9月期 実質GDP （1次速報）
30	31			
9月 個人消費支出	7-9月期 四半期 雇用 コスト指数			

ムに捉えることも、政府や中央銀行の政策判断では必要とされている。

　以降、様々な経済統計を統合的に利用したナウキャスティングモデルを事例に、ナウキャスティングの難しさと、それを解決するための方法を紹介する。

　まず、図 7.3 のように、7 月から 9 月までの 3 カ月間の失業率と GDP を用いて、10 月の失業率を予測する簡単なモデルを考えてみる。今日を 9 月期の失業率が発表された 2017 年 10 月 6 日だと仮定しよう。この時点で図 7.3 の右側の失業率に関するデータはすべて揃っている。一方、左側の GDP についてはデータを取得できていない。まず、7-9 月期の GDP は 10 月 27 日まで知ることができず、その値は 1 次速報値であるため 11 月や 12 月には値が修正されてしまう。さらに、GDP は 3 カ月に一度しか公表されないため、実際の経済統計には 6-8 月期の GDP や 5-7 月期の GDP は存在しない。このような観測できない変数に対処するために、次に示すような、もう少し規模の大きいモデルが一般には利用されている。

　図 7.4 には、本書で紹介するナウキャスティングモデルの全体像が描かれてい

7 マクロ経済分析のいま

図7.3 10月の失業率を予測するモデルのイメージ図

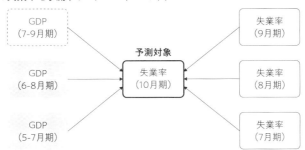

る。このモデルは2つのパーツで構成される。

まず、図の上半分を占めている経済構造モデルはGDPとインフレ率、そして中央銀行が定める政策金利によって、マクロ経済の本質的な部分をシンプルに表現したものである。丸囲いの変数は、モデルで推定する日次のマクロ変数を示し、四角囲いの変数は、実際に毎月もしくは3カ月ごとに観測することのできるデータを意味する。先ほど述べた、6-8月期のGDPや5-7月期のGDPは、実際には観測できない丸囲いの変数である。

標準的なマクロ経済モデルでは、モノを買う消費者、モノを売る企業、そして全体のバランスを取りながら経済政策を担う政府・中央銀行の各経済主体が、それぞれの満足度を最大にするような行動をとることが仮定される。そのような行動の結果として、GDP、インフレ率、政策金利の3つの変数を関連づける連立方程式（動学的確率的一般均衡モデル[1]）を導くことができる。経済理論に則って、GDPやインフレ率、政策金利の因果関係を記述しているのが、経済構造モデルの特徴である。

GDPは3カ月ごとに公表される経済統計なので、丸囲いの日次GDPは実際には観測できない変数である。しかし、経済構造モデル内の変数の1つであるインフレ率が発表されると、経済構造モデルの相互依存関係を頼りに、モデル上の変数である日次GDPを、連立方程式を解くイメージで推定することができる。図7.3の6-8月期や5-7月期のGDPも、このような方法で値を求めることができる。

---

1 英語では、Dynamic Stochastic General Equilibrium Modelと表現され、略してDSGEモデルと呼ばれている。昨今のマクロ経済学では標準的なモデルであり、詳細については、例えば加藤 (2006) などがわかりやすい。

図 7.4　ナウキャスティングモデルの全体像

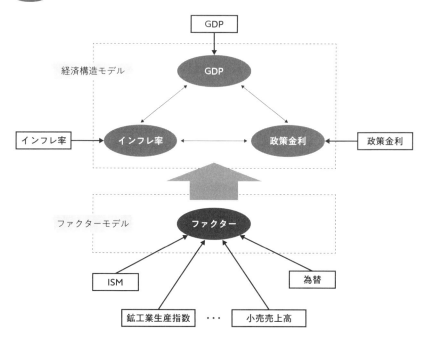

　経済構造モデルは、マクロ経済全体の動きをシンプルに描写している。一方で、モデル上の変数である日次 GDP を求める際には、インフレ率や政策金利以外にも、他に利用できる情報がたくさん存在する。GDP は、農業や建設業、製造業、サービス業など様々な業態で産み出された付加価値の合計である。図 7.2 で見たように、マクロ経済統計には製造業を対象にした経済指標もあれば、建設業に関連した経済指標もあり、これらのデータは日々更新される。

　このような GDP の構成要素となっているデータも利用して日次 GDP を推定するために、図 7.4 の下半分にあるファクターモデルが必要となる。経済構造モデルのシンプルさを保ちつつ、GDP、インフレ率、政策金利以外の経済を動かす様々な要因に共通する経済要因（ファクター）を抽出し、その共通要因を経済構造モデルと結びつける役割を担うのがファクターモデルである。ファクターモデルを利用することで、GDP、インフレ率、政策金利以外の経済指標が発表されるたびに、共通要因であるファクターが推定される。そしてファクターモデルで決

定された経済構造モデルとファクターの関係から、GDP、インフレ率、政策金利の主要3変数を、同じく連立方程式を解くイメージで求めることができる。

　経済状態を知るためには、マクロ経済統計は非常に重要な情報ソースである。しかしマクロ経済統計には、①公表までのラグ、②発表日や発表頻度の違い、③速報値から確報値へのデータ更新など、情報としての取り扱いが難しい点が多々ある。したがって、ナウキャスティングのポイントは、マクロ経済統計のこれらの特徴を踏まえつつ、得られる情報を最大限に活用することであるといえよう。1節でも述べたように、近年ではマクロ経済統計以外の様々なデータソースから、経済活動の一部をリアルタイムに観測できるようになってきている。それらの情報を取り込みながら、経済全体の動きを推測できる点が、マクロ経済全体を表現するナウキャスティングモデルの強みである。

② 今日の GDP を測ってみよう

　前節で紹介したナウキャスティングモデルを用いて、実際に米国のマクロ経済指標を推定・予測した事例を紹介しよう。

　今回紹介するのは、米国の GDP をインフレ率や政策金利、そして経済の共通要因と整合的になるよう予測するナウキャスティングモデルである。利用するマクロ経済指標やモデル評価の方法は、主に Giannone et al.（2008）の研究によるところが多い。

　ここでは、日次 GDP 予測に利用するデータとして、表 7.1 にある 33 種類のマクロ経済指標をピックアップした。No.1 - No.3 は経済構造モデルの推定に必要な3つの主要マクロ経済指標で、残る 30 変数が前節で登場したファクターモデルのインプットとなる変数である。ファクターモデルは、これら 30 種類の経済指標と、経済構造モデルで利用する GDP、インフレ率、政策金利の3つの経済指標の線形モデルとした。このファクターモデルが、日々新たに発表される経済指標を取り込み、経済構造モデルを通じて日次 GDP をリアルタイムに予測する。

　図 7.2 でも見たように、これらのマクロ経済指標は同時には発表されない。各経済指標が発表されるタイミングでそのデータがモデルに取り込まれ、GDP の予測値が更新される。よって、新しいマクロ経済指標が発表され、ナウキャスティングモデルにその情報が取り込まれるたびに、日次 GDP の予測精度が向上することが期待される。

表 7.1　米国 GDP ナウキャスティングに利用したマクロ経済指標

No	頻度	マクロ経済指標	差分	発表タイミング
1	四半期	（米）実質GDP	前年同期比	翌四半期の各月末
2	月次	（米）消費者物価指数	前年同期比	翌月の中旬
3	日次	（米）フェデラル・ファンド金利	―	FOMC会合
4	四半期	（独）実質GDP	前年同期比	翌四半期の2月目の中旬、2月目の月末
5	月次	（独）消費者物価指数	前年同期比	翌月の中旬
6	四半期	（日）実質GDP	前年同期比	翌四半期の2月目の中旬、3月目の初旬
7	月次	（日）消費者物価指数	前年同期比	翌月の下旬
8	月次	（米）ISM製造業景況指数	前年同期比	翌月の月初
9	月次	（独）IFO企業景況感指数	前年同期比	当月の月末
10	月次	（日）消費者態度指数	前年同期比	翌月の月初
11	月次	（米）非農業部門雇用者数変化	前年同期比	翌月の初旬
12	月次	（独）失業者数	前年同期比	当月の月末
13	月次	（日）有効求人倍率	前年同期比	翌月の月末
14	月次	（米）鉱工業生産指数	前年同期比	翌月の中旬
15	月次	（独）鉱工業生産指数	前年同期比	翌々月の初旬
16	月次	（日）鉱工業生産指数	前年同期比	翌月の月末
17	月次	（米）小売売上高	前年同期比	翌月の中旬
18	月次	（独）小売売上高	前年同期比	翌月の月末
19	月次	（日）小売売上高	前年同期比	翌月の月末
20	月次	（米）住宅着工件数	前年同期比	翌月の下旬
21	月次	（日）住宅着工件数	前年同期比	翌月の月末
22	月次	（米）マネーサプライ・M1	前年同期比	翌月の中旬
23	月次	（独）マネーサプライ・M1	前年同期比	翌月の月末
24	月次	（日）マネーサプライ・M1	前年同期比	翌月の中旬
25	月次	（米）個人消費支出	前年同期比	翌月の月末
26	月次	（米）消費者信頼感指数	前年同期比	翌月の月末
27	月次	（米）製造業受注	前年同期比	翌々月の月初
28	月次	（米）設備稼働率	前年同期比	翌月の中旬
29	月次	（米）建設支出	前年同期比	翌々月の月初
30	月次	（米）シカゴ購買部協会景気指数	前年同期比	当月の月末
31	月次	（米）フィラデルフィア連銀製造業景気指数	前年同期比	当月の下旬
32	日次	（為替）ドルユーロ	前年同期比	―
33	日次	（為替）ドル円	前年同期比	―

なお、予測対象である米国のGDPは、1次速報・2次速報・確報と3段階に分けて公表されるが、今回の予測対象は、1月・4月・7月・10月の最終週に公表される1次速報を対象とした。

以下の図7.5は、実際に2015年1-3月期〜2017年7-9月期のGDPをナウキャスティングした結果である。通常、ナウキャスティング研究では、実質GDPの成長率でモデルの予測精度を評価することが多い。よって、ここでもナウキャスティングモデルによるGDPの予測結果を成長率で示す。また、比較対象として、実際に公表された米国の実質GDP成長率（1次速報）と、アトランタ連銀が発表しているGDP Nowを示した。

各年の1月末・4月末・7月末・10月末に、それぞれ10-12月期、1-3月期、4-6月期、7-9月期のGDP（1次速報）が発表される。ナウキャスティングモデルでは、11月の初めから1月末までの間に、1月末に発表される10-12月期のGDPを予測する。他の3カ月間についても同様である。この図7.5を見ると、アトランタ連銀のGDP Nowは実際のGDP成長率の周りで大きく予測値が変動しているが、ナウキャスティングモデルはそれよりも変動が小さく、GDP成長率の水準を上手く捉えていることが分かる。

さらに、図7.6は、図7.5の2017年4-6月期におけるGDP成長率の予測結果を拡大してみたものである。

2017年1-3月期のGDP（1次速報）は、4月末に発表される。そのため、4-6月期のGDPの予測は、5月から始まり、1次速報が発表される7月28日まで繰り返される。この3カ月の間に、今期のGDPを予測する上で重要な4つの経済

図7.5　2015年以降のGDPナウキャスティングの事例

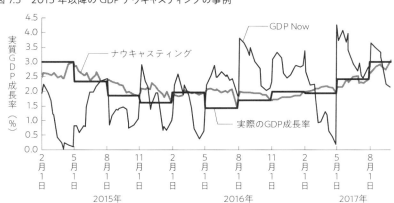

図 7.6　2017 年 4-6 月期のナウキャスティングの結果

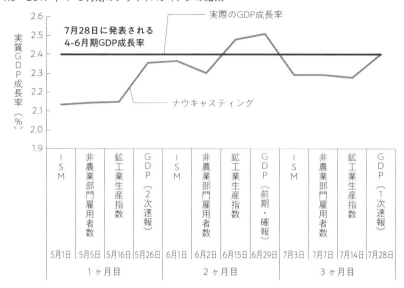

指標（ISM 製造業景況感指数、非農業部門雇用者数変化、鉱工業生産指数、1-3月期 GDP の改定値）が毎月発表される。これらの公表タイミングにおける、ナウキャスティングによる GDP 成長率の予測値の推移をみたのが図 7.6 である。7月 28 日に発表される GDP 成長率の実績値とナウキャスティングによる予測値の推移を比較すると、新しい情報が入るにつれて、実際に公表される GDP 成長率に近付いていくことが分かる。

では他の 3 カ月についても、新しい情報が利用可能になれば、徐々に予測精度が向上していくのだろうか。これを確認するために、GDP（1 次速報）が発表された後の 2 月、5 月、8 月、11 月スタートの各 3 カ月間についても、図 7.6 と同様に各 3 カ月間をピックアップし、ナウキャスティングによる予測の精度を見ていく。図 7.7 は、2015 年から 2017 年までの、重要な経済指標の発表日における予測値と、GDP 成長率（1 次速報）の実績値から計算した誤差を集計した指標[2]で見たものである。

図 7.7 では、右に行けば行くほど利用可能な情報が増えていっており、情報が増えるほど GDP 成長率の予測誤差は小さくなっていくことが見て取れる。図 7.6

2　誤差の指標として、平均平方二乗誤差（誤差の二乗の平均値の平方根）を用いた。

図 7.7 GDP 成長率の予測値と実績値の誤差

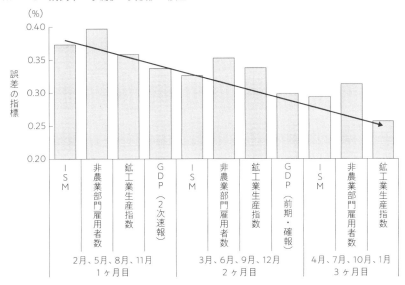

では 2017 年の 5-7 月についてこの傾向を観察したが、この図 7.7 では、他の期間であっても、新しい情報が入ってくると、徐々に正確な GDP 成長率の予測値が得られる傾向にあることが確認できたことになる。

本節で見てきたように、利用可能な情報をリアルタイムにモデルに取り込むことで、ナウキャスティング（足元の経済指標の予測）の精度はどんどん高まっていくと考えられる。さらに 1 節で紹介したように、近年、マクロ経済分析に利用できるデータが増えてきており、これらのデータを活用することで、ナウキャスティングモデルの予測精度を改善できる可能性がある。

ただし、近年のマクロ経済分析で利用され始めている新しいデータは、東大日次物価指数などのようにカバーする経済活動の範囲を限定した上で高頻度に収集されたものが多い。もしくは、テキスト情報のように経済指標との結びつきがあいまいなものも存在する。本節で紹介したナウキャスティングモデルは、このような経済活動に関する部分的な情報を最大限活かしつつ、マクロ経済全体の予測を行うものである。今後、様々な形態のデータが利用可能になるにつれて、ナウキャスティングモデルの意義はますます高まっていくであろう。

3 中央銀行のコミュニケーション

1 AI-FED ウォッチャーを目指して

FED ウォッチャーとは、アメリカの中央銀行である連邦準備制度理事会（Federal Reserve Board, FRB）の金融政策を中心に、人事を含めた様々な動きを分析する専門家のことをいい、中央銀行の微妙な政策スタンスの変化を読み解くプロ集団である。1節でも述べたように、中央銀行による将来の金融政策の方針は、投資家の将来見通しや金融市場の動向に影響を与える。昨今、FRBの公表文書を機械的に読み込むための研究が盛んに行われるようになってきた。はたして、機械はFEDウォッチャーにどこまで近づけるのだろうか？本節では、FRBが公表する様々な文書をどのように読むべきなのか、そして機械にどう読ませるのかを紹介していこう。

図7.8は、米国の金融政策決定会合にあたる連邦公開市場委員会（FOMC）の3週間後に発表される議事要旨をさらに概略化したものである。FOMC終了から3週間後に発表される議事要旨には、まず経済状態の振り返りや中央銀行の将来見通しが表明され（主に図7.8の①②部分）、最後に金融政策の決定事項と将来の金融政策に関する見通しが示される（主に図7.8の③④部分）。中央銀行の発表する文書は、世の中の注目度も高く、発表文書自体の金融政策への影響も極めて大きい。そのため、ある程度定型化されており、できるだけ誤解を招かないような書き方になっている。一文一文が重要な情報を含んでおり、無駄な文章はほとんど存在しない。そのため、エコノミストや投資家などの専門家は発表文書を読み込み、前回の発表文書からの変化、表現方法や言葉選びまで詳しく精査して、自らの判断に役立てている。従来は一部の専門家が担っていたこのような発表文書の解析を機械的に行おう、という取り組みが進んできている。以下、FOMC議事要旨の特徴に触れながら、それを読解するテキストマイニングモデルを紹介する。

文章内容の特定

まず、議事要旨のある文章がどの経済トピックについて書かれた内容かを機械的に判断するために、文章からその内容（トピック）を抽出する。

議事要旨を読んでみると、FRBは主に①経済成長、②生産、③消費、④雇用、⑤金融政策、⑥金融市場、⑦インフレ、⑧貿易の計8トピックについて記述をしていることが分かる。これら各トピックは、ある程度まとまって1つの段落を構成しており、この書き方は1990年代からから現在に至るまで一貫している。こ

7 マクロ経済分析のいま

図 7.8　FOMC 議事要旨の概略（2017 年 9 月会合の議事要旨を参考）

Minutes of the Federal Open Market Committee
September 19-20, 2017

参加者名
Janet L. Yellen, Chair, William C. Dudley, Vice Chairman
Lael Brainard, Charles L. Evans, Stanley Fischer, ...

①エコノミストによる経済環境・金融市場の振り返り
The information reviewed for the September 19-20 meeting showed that labor arket conditions continued to strengthen in July and August, and...

②エコノミストによる経済見通し
The U.S. economic projection prepared by the staff for the September FOMC meeting was broadly similar to the previous forecast...

③参加者による現状・将来見通しに関する考え
Members of the Board of Governors and Federal Reserve Bank presidents submitted their projections of the most likely outcomes for real output growth for each year from 2017 through 2020,...

④金融政策に関する決定事項
The Committee decided to maintain the target range for the federal funds rate at 1 to 1-1/4 percent.

の点を踏まえて、ここではこの計 8 トピックのいずれかへの文章の分類を、機械学習のモデルを用いて行ってみよう。

　まず、1999 年から 2016 年の議事要旨 144 件（約 3.5 万文章）の中から、ランダムに 500 個の文章を抽出し、人手により 8 種類のトピックのラベルを付与する。次に、500 個の文章それぞれについて、英文のテキスト解析でよく行われている以下の前処理を施す。

【ステミング処理】economy や economic などは "経済" という同様の意味を持つ単語であるが、単語の見た目が異なるため、このままでは機械が別々の単語として判別してしまう。そのため、同じ意味を持つ複数の単語を同一の形 economi に変換する処理を施してからモデルに取り入れる。

【ストップワード除去処理】a, an, the などの単語は、英文中に頻繁に登場するが、それ自体に深い意味があるわけではない。したがって、こういったス

141

トップワードを文章から除外する。

　その後、文章から名詞・動詞・形容詞だけを取り出し、トピックを抽出するための機械学習モデルにより、8種類のトピック（経済成長・生産・消費・雇用・金融政策・金融市場・インフレ・貿易）を抽出する。詳細については須田，伊藤，和泉（2017）を参照されたい。実際の議事要旨のデータから機械学習モデルを推定すると、議事要旨で利用されるすべての名詞・動詞・形容詞から8つのトピックに対する重み係数が推定される。この重み係数はその単語がどれだけ各トピックで用いられているのかを示している。例えば、ある単語から金融政策トピックへの係数が高い（低い）と、この単語は金融政策トピックの文章でよく使われる（ほとんど使われない）単語であることを示す。表7.2に、各トピックに対する重み係数が高い単語（上位10個）を示した。

　例えば雇用トピックでの重みが上位だった単語に unemploy（ment）や labor などがあるが、これらの単語が多く利用される文章は、雇用について書かれた文章である確率が高いと考えられるだろう。他のトピックに紐づく単語を見ても、各トピックを象徴するもっともらしい単語が抽出されていることが確認できる。

　本モデルを使うと、ある文章が8種類のトピックのどれである確率が高いかを識別することができるようになる。実際の例文を確認しよう。以下の文章はある議事要旨の文章である。

表7.2　各トピックの重み係数が上位だった単語

No	経済成長	生産	消費	雇用	金融政策	金融市場	インフレ	貿易
1	economi	invest	spend	unemploy	polici	credit	inflat	import
2	growth	util	consum	employ	monetari	dollar	price	export
3	econom	product	sale	labor	committe	financi	inflationari	trade
4	risk	hous	home	employe	direct	nonfinanci	cost	u.s.
5	gdp	inventori	expenditur	wage	member	period	twelv	deficit
6	addit	output	household	worker	meet	yeild	energi	strength
7	real	activ	exist	job	feder	borrow	labor	play
8	strength	busi	real	preced	rate	loan	stabil	role
9	forecast	resourc	strong	gain	eas	inssuanc	develop	contribut
10	effect	substanti	incom	year-over-year	fund	market	wage	good

142

7 マクロ経済分析のいま

"The unemployment rate decreased to 4.5 percent in March, and the labor force participation rate was unchanged."
(3月の失業率は4.5パーセントまで下落し、労働力人口比率は変わらなかった。) 筆者訳

この文章が8種類の各トピックに属する確率を、本モデルで推定した結果を示したのが、以下の図7.9である。本モデルを利用することで、この文章は約80%の確率で"雇用"に関する記述がなされた文章であると特定することができるようになる。

文章の評価

ここまでは、ある文章がどんな内容について書かれたものかを特定する手法について述べてきた。次に、その文章が好調な経済環境を表すポジティブなことを書いているのか、それとも経済環境の悪化を表すネガティブなことを書いているのかを評価していこう。そこで、FRB文書の特徴を考慮し、文章にポジティブ・ネガティブの極性を付与する方法について、ポイントを2つに絞って説明する。

1つ目のポイントは、文章の意味の切れ目を見つけることである。FRBによる文章は、以下の例文のように、1文の中に複数のトピックが混じることがある。

図7.9 例文のトピック確率、筆者作成

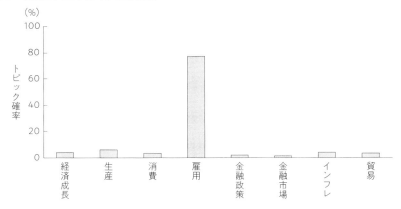

143

"*The labor market had continued to strengthen, and economic activity had continued to expand at a moderate pace.*"

（雇用環境は好調を維持し、また経済も緩やかなペースで拡大し続けていった。）筆者訳

　この文章の場合、前半部分は力強い雇用環境が続いている点について述べており、後半部分では経済活動が順調に拡大を続けている点について言及している。つまり、前半は雇用に関するトピック、後半は経済成長に関するトピックと、両者は明確に異なるトピックになっているので、文章を意味の切れ目で分割し、意味のある文章のまとまりごとに文章のポジティブ・ネガティブ評価を行うようにすればよい。

　具体的には、文章の主語となっている名詞句と動詞句のペアを意味のまとまった1つの文章（サブセンテンス）と考える。これを実現するために、構文解析という手法を利用する。英語の授業で、Ｓ＋Ｖ＋ＯやＳ＋Ｖ＋Ｏ＋Ｃなどの基本文型を学んだと思うが、構文解析とはこのように文章中の主語や動詞などを機械的に特定する手法のことである。図7.10は、例文に構文解析を施した結果をツリー状に示したものである。

　［ROOT］は先の例文全文を表し、それを2つのサブセンテンス［S］に分割している様子が見て取れる。各サブセンテンス［S］は、文章の主語となっている名詞句［NP］と動詞句［VP］のペアで構成されており、構文解析ではこのペアを頼りにサブセンテンスを特定している。よって、この例文の場合は、2つのサブセンテンスに文章を分けることにする。

　2つ目のポイントは、文章中の副詞を考慮してポジティブ・ネガティブ（極性）を付与する点である。以下の例文（図7.11）を参考にしながら、文章にポジティブ・ネガティブを付与する4つのステップを説明していこう。

【ステップ1】動詞declined（下がった）の極性を、極性語辞書で調べる。極性語辞書は主に動詞や形容詞で構成されており、表7.3のように、ポジティブな単語とネガティブな単語のリストである[3]。

　例文の場合、declinedが極性語辞書のネガティブな単語に分類されているので、マイナスの極性（−1）を付与する。FOMCが発表する文章は、その表現がある

3　Loughran and McDonald（2010）を参考に、FOMC議事要旨で頻出するincreaseやdecreaseなどの極性語を追加した極性語辞書を利用した。

7 マクロ経済分析のいま

図 7.10　例文に構文解析を施した結果

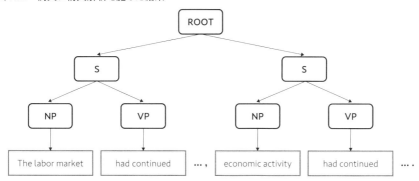

図 7.11　FOMC 文章の例文と文章評価のイメージ図

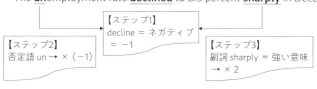

表 7.3　極性語辞書の例

	ポジティブ（+1）		ネガティブ（-1）	
動詞	increase	（上昇する）	decrease	（減少する）
	rise	（増加する）	decline	（下がる）
	elevate	（高める）	slow	（遅くなる）
形容詞	high	（高い）	low	（低い）
	large	（大きい）	small	（小さい）
	upward	（上向きの）	downward	（下向きの）

145

程度定型化しており、一般のニュースや新聞に比べて、頻出する動詞や形容詞の種類は意外に少ない。おそらく、FOMC 内に「これくらいの経済事象はこのように表現しよう」というような決まりごとがあるのではないかと思われる。

【ステップ2】例文では、主語の中に単語 unemployment（失業率）が存在する。"employment（雇用）が下がった" は経済の停滞を意味するネガティブな文章だが、"unemployment（失業率）が下がった" は否定語 un が使われていることからも分かるように、経済が上向きとなってきたことを意味するポジティブな文章である。そこで、ステップ1で declined に付与した極性（−1）を反転（（−1）×（−1）＝1）させる。ところで、英語における否定の典型表現に NOT がある。しかし、このステップ2では、NOT を識別して極性を反転させるようなことはしていない。FOMC の文章には NOT を利用した表現がほとんど見られないため、影響が軽微だからである。否定的な表現を使わずに FOMC の決定事項を公表するのも、中央銀行の特徴なのであろう。

【ステップ3】さて、FOMC 文章評価の際に最も重要な副詞の評価を行おう。副詞には、極性を強めたり弱めたりする働きがある。例文の中では sharply（急激に）という副詞が使われており、非常に強いトーンで失業率の改善を表明している。したがって、ここでは極性を倍にして、（（−1）×（−1）×2＝2）とトーンを強めるように加工する。一方で、例えば somewhat（やや、多少）という意味をぼやかすような副詞も使われることがある。この副詞は文のトーンをやや弱める働きをするため、この副詞の場合には極性に 1/2 をかけてトーンを弱めた。なお、FOMC の文章は、副詞の使い方に大きな特徴がある。例えば、経済環境が良い状況では、例文中の sharply のようにトーンを強める副詞を多用する一方で、経済が停滞してくると、somewhat のような曖昧な表現を用いる傾向にあることが知られている。そのため、FOMC の文章を機械で評価すると、経済の停滞を示すマイナスの極性が曖昧な表現で弱められるため、文章全体としてポジティブ方向に偏ってしまうことになる。これは、経済環境に対する人々の期待をポジティブ方向に引き上げるために、中央銀行がとるコミュニケーション戦略の1つなのではないかと思われる。

【ステップ4】文章中に極性語が複数存在する場合は、すべての極性の合計を求め、それを文章の単語数（最後のピリオド込み）で割ったものを、文章の極性値とする。長い文章の中で極性語がたくさん使われている場合に、単純にそれらの極性を合計して文章の極性値を求めると、値が大きく（小さく）なってしまうことがある。よって、他の文章との比較がしやすくなるよう、極性値を文章の単語

数で割ることにした。例文の場合は極性語が1つ、単語数はピリオドを含めて11なので、$2 \div 11 = 0.1818$ が最終的な極性値となる。

上記の各処理により、ある1つの文章に対して、①その文章がどのトピックである確率が高いかと、②その文章がポジティブなのかネガティブなのかを評価することができた。これを分析対象のFOMC議事要旨に対して行い、極性値を集計すると、経済成長トピックから貿易トピックまでの8種類のトピックについて、議事要旨がそれぞれどのように表現しているかが分かる。これを以下ではトピック別センチメントと呼ぶことにしよう。

テキストモデルの読解力評価

ここで紹介したテキストマイニングモデルを用いて、FOMC議事要旨の振り返り部分（図7.8における①の部分）を抜き出してトピック別センチメントを付与してみよう。これとFOMC会合時点ですでに発表されているマクロ経済指標との比較を行って、トピック別センチメントの表現力を確認してみる。FOMC議事要旨の振り返り部分には、各トピックに対応する経済指標とそれに対するFOMCの評価が明記されている。しかしながら、テキストマイニングモデルでは、前節の説明から分かるとおり、数値情報を一切参照せずに、極性語とそのトーン調整だけでトピック別センチメントを付与している。したがって、経済指標の実績値と、対応するトピック別センチメントが同様の挙動をしているならば、それはテキストマイニングモデルがFOMC議事要旨のトーンをよく表現できているということができるだろう。そこで、1999年から2016年までの議事要旨144件について、過去の振り返り部分だけにトピック別センチメントを付与したものを用意した。例として、雇用トピックのセンチメントに対応する経済指標である非農業部門雇用者数変化の推移を比較したものを、図7.12に示す。なお、雇用トピックのセンチメントについては、雇用者数の増加（減少）や労働環境の改善（悪化）をポジティブ（ネガティブ）に評価している。

図7.12を見て分かるとおり、議事要旨の振り返り部分から作成した雇用トピックのセンチメントは、対応する経済指標である非農業部門雇用者数変化と同じような動きをしていることが分かる。今回は特に、文章の副詞を考慮して評価したことで、2007年のサブプライムショックから2008年のリーマンショック期の雇用者数の落ち込み方の深さを、上手く評価できていた点が特徴的である。

図 7.12　雇用トピックのセンチメントと非農業部門雇用者数変化

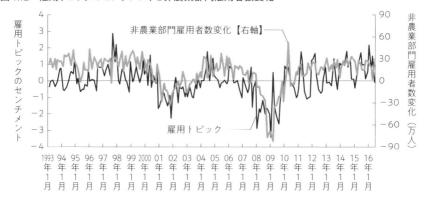

2　中央銀行の声明文に対する市場参加者の反応

　FRB は、2008 年 12 月以降のゼロ金利政策の間、政策金利の引き下げ余地を失ってしまっていた。そのため、FRB は人々の将来の期待を、コミュニケーションによって変えていこうとする金融政策手段を、より重視するようになった。本項では、FOMC による将来の金融政策の見通しが、本当に人々の将来見通しに影響を与えているのかを見ていこう。

米国の政策金利と声明文の関係

　これまでは、FOMC 会合から 3 週間後に公表される議事要旨を元にテキストマイニングモデルを構築してきた。ここでは、同じモデルを FOMC 会合直後に公表される声明文に適用してみる。声明文には会合でのディスカッションや決定事項が要約されており、また FOMC 会合後に最初に発信される情報であるため、市場参加者の注目度も高い。以下、テキストマイニングモデルにより数値化した声明文の各トピックのセンチメントと、実際の政策金利の動きを見比べてみよう。

　FRB の金融政策の目標は、雇用の最大化と物価の安定である。そのため、目標の 1 つである物価（インフレ率）に関する FRB のスタンスは、今後の金融政策の動向を読む上で、投資家も注目するコンテンツの 1 つである。そこで以下では、声明文の中でも、特にインフレトピックのセンチメントに焦点を当てて検討していく。

　図 7.13 の上段の政策金利の推移にあるように、FRB は 2015 年 12 月と 2016 年 12 月に 2 度利上げを実施した。ここで、投資家の政策金利の期待値に注目してみ

図 7.13 【上段】米国の政策金利と投資家の政策金利の期待値、
【下段】声明文のインフレトピックのセンチメント

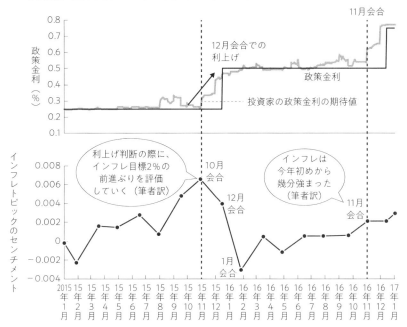

　よう。投資家の政策金利の期待値というのは、米国の政策金利（Federal Fund Rate）の1ヶ月先物である、Federal Fund Futures の価格から求められる。この先物価格は、政策金利の将来の水準を想定して取引がなされるため、金融政策に関する市場の見通しを表す指標としてよく利用されている。この投資家の政策金利の期待値を見ると、利上げが決定された2015年12月と2016年12月の2回のFOMC会合の前から投資家の利上げ期待が高まっていたことが分かる。この背後には、FRBによる将来の金融政策に関するスタンスの変化がある。図7.13の下段には、それぞれの会合の声明文の一部とインフレトピックのセンチメントの推移を示した。インフレトピックのセンチメントは、インフレ率の安定や上昇（下落）を示唆する文章をポジティブ（ネガティブ）に評価している。実際に、2015年10月や2016年11月の会合では、次回会合での利上げを示唆するようなインフレに関する強気の見通しが表明され、インフレトピックのセンチメントもポジティブな評価となっている。
　ところで、2015年12月会合で実際に利上げが決定されたときのインフレセン

チメントは、2015年10月会合よりもやや下落している。これは、2015年10月会合において次回会合での利上げを示唆していた文章が、2015年12月には削除されたことによる。また翌2016年1月会合では、インフレセンチメントが急激に下落している。これは、2016年初に発生した原油価格の下落が原因である。当時のFOMC声明文では、原油価格の下落によるインフレ率の低下に対する懸念が示されており、インフレセンチメントの急落はそのような表現を反映したものである。

民間エコノミストへの声明文の波及

　先ほどは、声明文を受けた投資家の行動に着目して事例を紹介した。今度は投資家ではなく、経済分析を専門としているエコノミストの行動に目を向けてみよう。Bloombergは、複数のエコノミストによる経済統計の予想値を集計し、その平均値（以下、エコノミスト予想と呼ぶ）を公表している。ここでは、インフレ率に関するエコノミスト予想の変化と、FOMC声明文のインフレトピックに関するセンチメントの関係を調べてみる。具体的には、声明文発表日以降のエコノミスト予想の変化の累積値を、インフレトピックのセンチメントがポジティブの場合とネガティブの場合のそれぞれで集計したものが、図7.14である。

　図7.14の中央を推移する線（全体平均）は、2003年初から2016年末における、平均的なエコノミスト予想の変化を示している。そして四角（ダイヤ）プロットの線は、声明文のインフレトピックがポジティブ（ネガティブ）だったときの、その後の平均的なエコノミスト予想の変化を示しており、声明文がポジティブ（ネガティブ）だったときは、いつもよりもインフレ率に関する予想を切り上げ（切り下げ）て発表する傾向にあることが確認できる。この結果から、民間のエコ

図7.14　インフレ率に関するエコノミスト予想とインフレトピックの関係

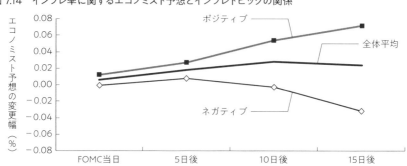

7 マクロ経済分析のいま

ノミストは、FRB によるインフレに関する見通しを加味して、インフレ率の予想を変更していることが示唆される。また FOMC 会合が終わってから、徐々にインフレ率の予想を修正している傾向にあることも伺える。

本節では、FOMC 会合直後に公表される声明文と投資家の政策金利の期待値、そしてエコノミスト予想との関係を見てきた。これらの事例は、FOMC 声明文が、投資家やエコノミストの将来見通しを動かす情報になっており、テキストマイニングモデルで声明文のトーンを読み取ることができている可能性を示唆している。また、センチメントの符号によってエコノミスト予想の変化に違いが見られたことからも、声明文からトピックを抽出し、センチメントを付与するという試みが、発表文書を読み解くために有益であると考えられる。

4 3節までのまとめ

ビッグデータの波は、経済学の領域にも押し寄せている。1節で紹介したように、経済分析にも多種多様なデータが利用されるようになり、POS や EC データなどを通じて、人々の経済活動を高頻度かつ詳細に観察できるようになった。ただし、それぞれのデータは経済活動の一部しか捉えることができないため、景気やインフレ率などマクロ経済全体の動きを捉えるためには、データを総合的に評価する仕組みが必要となる。

2節では、様々なデータを統合し、"今"の GDP を推定するナウキャスティングモデルを紹介した。ここでは、代表的な経済統計を利用して、モデルに新たな情報が加わるたびに GDP の予測精度が改善していく様子を確認した。今回紹介したモデルは、様々な経済指標を取り込むことが可能であり、インプットするデータを拡大することで、ナウキャスティングの精度がさらに改善することが期待できる。

3節では金融政策に関する議事要旨に着目した分析事例を紹介した。FOMC の議事要旨の特徴を考慮しながらテキスト解析を行うことで、FRB の経済環境についての認識を定量的に捉えることができた。加えて、FOMC 会合直後に発表される声明文の内容が、エコノミストや投資家の見通しに影響することも確認した。今回紹介した分析方法は、声明文や議事要旨だけでなく、議長会見の内容や FOMC 構成メンバーの講演内容など、中央銀行が発する他のテキストデータへも応用可能である。中央銀行と市場のコミュニケーションといった定量データだけでは捉えにくい概念も、テキストデータを定量化することで実証的に分析できる

151

ようになってきた。

　今後、利用可能なデータが拡大するにしたがい、経済学の様々な理論が実証的に検討できるようになるだろう。それによって、新たな理論が生まれるなど、経済分析のさらなる発展が期待されている。このような、マクロ経済分析に関する昨今の研究動向を紹介するために、次節に早稲田大学の上田晃三教授へのインタビュー記事を掲載する。

5 ビッグデータによるマクロ経済学の発展

早稲田大学　政治経済学術院教授　上田　晃三氏

（略歴）1999年東京大学大学院理学系研究科物理学専攻修士課程修了。同年日本銀行入行。2006年オックスフォード大学で博士号（経済学）を取得。2015年より早稲田大学政治経済学術院教授。

　ビッグデータがもたらすマクロ経済分析への影響やマクロ経済学の将来展望についてお話を伺います。

――ビッグデータは、**マクロ経済学にどのような変化をもたらす**とお考えでしょうか？

上田　ビッグデータの出現によって経済理論の中心部分が大きく変化したかというと、そうではありません。現在のマクロ経済学の理論モデルは、合理的期待を前提とした新古典派の枠組み[4]の延長線上にあります。理論モデルの枠組みは大きく変わらないものの、モデルの仮定を少しずつ崩しながら、現実の世界に近づけるための拡張が進められているという状況です。このような理論モデルの拡張が、現実のデータを利用した実証研究に後押しされています。

　従来の実証研究は、GDPや物価などの時系列データを主な分析対象にしてきました。現在は利用できるデータがどんどん拡がっており、例えば、取引価格や輸

---

[4]　現在のマクロ経済モデルは、マクロ経済の構成員である消費者・企業・政府の各経済主体が最適に行動した結果、マクロ経済変数の水準や変動が決まると仮定するのが主流である。さらに、各経済主体が最適な行動を決定する際には、現在だけでなく将来についても現在得られる情報を効率的に利用して予想し、現在の行動を決めると考える。これを合理的期待仮説と呼ぶ。

出入の動きが、個々の商品レベルで分かるようになりました。さらに、これまで注目されることが少なかった、中央銀行の発表文書などのテキストデータも分析対象になっています。このように、データにもとづいて研究できる範囲が拡大し、マクロ経済に対する新しい知見が得られるようになりました。その知見が理論モデルの拡張に活かされています。

新たなデータを利用できるようになったことで、発展してきた研究テーマを2つ紹介します。従来のマクロ経済の実証研究の多くは、様々な経済主体（家計や企業など）を1つの代表的な経済主体にまとめて、その代表的な経済主体の動きを分析してきました。例えば、ある経済政策が実施された場合に、平均的な家計や企業がどのように反応するのかが検討されてきました。一方で、個々の家計や企業に関する詳細なデータを入手しやすくなったことで、例えば、ある経済政策に対して、所得水準の異なる家計は異なる反応を示すのか、といった実証研究が可能になりました。

次に、行動経済学[5]も大きく発展してきました。最近のマクロ経済学は行動経済学の知見も取り入れつつあり、必ずしも家計や企業が完全に合理的に行動する場合だけを扱っているわけではありません。経済活動が理論の予想通りに推移しないのはなぜか？人々が合理的に行動していないように見えるのはなぜか？それは人々が何らかの制約のもとで行動しているからなのか？このような問いに対して、行動経済学は答えを提示できる可能性を持っています。個々の家計に関する詳細なデータを利用できるようになったことで、行動経済学で議論されてきた人々の行動に対する仮説を、現実のデータで検証できるようになってきました。

——個々の家計に関するデータを利用することで、どのようなことが分かってきたのでしょうか？

上田　家計に関する詳細なデータを利用することで、経済政策の効果について、平均的な家計への影響だけでなく、個々の家計への影響も分析することが可能になります。仮に、個々の家計への経済政策の波及効果が、政府が当初想定した以上に大きくなるといった分析結果が得られれば、政府の政策判断にも影響を与えると考えられます。

5　行動経済学は、人間が必ずしも合理的に行動しないことに着目し、そのような行動メカニズムを主に心理学の考え方を応用して解明しようとする経済学の一分野。

153

昨今フォワードガイダンス[6]を利用した金融政策が話題になることが多いですが、これに関して「フォワードガイダンスパズル」という議論があります。マクロ経済学では、中央銀行がゼロ金利を長く維持することにコミットすれば、インフレ率が上昇すると考えられています。ただし、現実はそうなっていません。2007年から08年の金融危機以前は、主要先進国の中でデフレ懸念があったのは日本だけでした。他国から、フォワードガイダンスを利用した金融政策を実施すればすぐにデフレの問題は解決するのに、なぜ実施しないのか、という批判を受けました。その後、金融危機を経て、多くの国々でインフレ率が低下したため、フォワードガイダンスを導入してもインフレ率を引き上げることは難しいという認識が広まりました。まず、フォワードガイダンスが効果を発揮するのは、家計や企業が将来を予想して今の行動を決定するからです。インフレ率が上昇するためには、家計や企業が将来も金利が低いということを見込んで、現在の消費や投資を増やす必要があります。ただし、経済的に余裕の無い家計が、低金利が持続することを予想しても、現在の消費を増やすとは考えにくいです。そのような家計は、借り入れを増やすことも簡単にはできません。家計や企業は様々な財務的な制約に直面しており、それらが経済活動に強く影響している場合は、中央銀行の金利コントロールの効果は小さくなります。以前より、このような現象を説明する理論はありましたが、個々の家計に関するデータが充実してきたことによって、ようやく実証的な検討が進展するようになりました。

──POSデータなどの個別商品の価格データの活用も進んでいますが、どのようなことが分かってきたのでしょうか？

上田　経済学には「価格の硬直性」という重要な概念があります。ある商品に対する需給が変化しても、価格は頻繁には変更されないということが一般的には想定されています。これに対して、物価指数を構成する財やサービスの価格を詳しく分析した研究が発表され（Bils et al.（2004））、実は価格が柔軟に変化していたということが分かりました。その後、スーパーマーケットのPOSデータを利用した研究が広がったことで、本当に価格は硬直的なのかという問いに対する実証研究とともに、なぜ価格の硬直性が生まれるのかという理論研究も発展していま

[6]　中央銀行が、先行きの金融政策に関する指針を表明すること。例えば米国では、2008年から2011年の間、"しばらくの間（for some time）、ゼロ金利を継続する"というような声明が出されており、これはFRBによるフォワードガイダンスの一例といえる。

す。

　私自身は、POS データを利用して商品の新陳代謝に関する研究をしています。例えば、シャンプー等の商品の価格の推移を見ると、基本的には商品価格は下落する傾向があることが分かります。そして、価格が下がった商品は店頭から消えます。面白いのは、その後新たな後継商品が生まれると、その商品には、旧商品が誕生したときと同じような価格が設定されます。このような現象をデフレと呼べるのか、判断が難しいところです。新商品に入れ替わる際に値段が戻るので、長い目で見れば価格は下落していないと判断できます。一方で、新商品は質が向上しているのだから、質の違いを調整すれば価格が下落したと判断することもできます。商品の質が本当に上昇しているのか、例えば、シャンプーの場合はラベルが少し変わっただけなのか、お菓子の場合は少しフレーバーの異なるお菓子を限定商品として売り出して値段を戻しただけなのか、商品によって状況が異なります。私は、このような価格設定行動には、デフレに打ち勝つための企業の価格戦略が反映されていると考えています。

——上田先生は日本銀行の発表文書に対してテキスト解析をされていますが、**研究を始めたきっかけや問題意識**はどのようなものだったのでしょうか？

上田　私は、元々日本銀行に在籍していました。そのとき、隣の部署で日本銀行が対外的に発表する文書が作成されていました。そこで文書の言葉選びに苦労している様子が、私にも伝わってきました。どのような理由で言葉を選択しているのか、もしくは表現を変えているのか、もっと科学的に分析する方法があるのではないかと、ずっと考えていました。その後大学に転身し、テキスト解析の研究者と出会い、一緒に研究をすることになりました。

　マクロ経済学の分野では、これまでテキスト情報はあまり注目されてきませんでしたが、私はマクロ経済を研究するための非常に重要な情報だと考えています。私が関心を持っているのは、中央銀行のコミュニケーションというテーマになります。その際に、中央銀行が発信する様々な文書内のテキストを解析し、実証研究を行っています。このテーマは、ゲーム理論とも関係がありますので、テキスト解析の研究者だけでなくゲーム理論の専門家とも協力しながら研究を進めています。

——**最後にマクロ経済学の将来展望**についてご意見をお聞かせください。

上田 繰り返しになりますが、革命的な理論が出てこない限り、マクロ経済学の枠組みが全く異なるものに変わっていくことはないと考えています。マクロ経済学の枠組みの上で、新しいデータを貪欲に利用しながら、その理論やモデルが拡張されています。利用できるデータが増えれば増えるほど、実証研究が進展し、それが理論の拡張へとつながっています。昨今、このような動きが飛躍的に進展していると感じます。

参考文献

Bils, Mark and Peter J. Klenow (2004), "Some Evidence on the Importance of Sticky Prices," *Journal of Political Economy*, 112(5), 947-985.

Buono Dario, Gian Luigi Mazzi, George Kapetanios, Massimiliano Marcellino and Fotis Papailias (2017), "Big data types for macroeconomic nowcasting," *Eurostat Review on National Accounts and Macroeconomic Indicators*, 1/2017, 93-145.

Giannone, Domenico, Lucrezia Reichlin and David Small (2008), "Nowcasting：The real-time informational content of macroeconomic data," *Journal of Monetary Economics*, 55, 665-676.

Jegadeesh, Narasimhan and Di Wu (2016), "Deciphering Fedspeak：The Information Content of FOMC Meetings," *2016 AFA Annual Meeting Working Paper*.

Loughran, Tim and Bill McDonald (2011), "When Is a Liability Not a Liability？ Textual Analysis, Dictionaries, and 10-Ks," *Journal of Finance*, 66(1), 35-65.

加藤 涼 (2006), 現代マクロ経済学講義 ―動学的一般均衡モデル入門, 東洋経済新報社.

須田 真太郎, 伊藤 諒, 和泉 潔 (2017), 「フォワードガイダンスの市場期待への影響分析 ―テキストマイニング・アプローチ―」, 日本ファイナンス学会 第25回大会予稿集.

8

高頻度情報から読む
取引行動

1 日中の株価変化

1 膨大な注文データ

　現在、株式の売買は電子化された環境の中で行われている。売買注文の発注は人手でもコンピュータでも可能であるが、時間とともにコンピュータによる発注の割合が増加してきている。その結果として日中の株価の動きが高速化、複雑化し続けている。

　本章で取り扱う高頻度取引情報は日中に生じる株式の売買注文すべての記録であり、市場参加者の判断によって生み出されたものである。高頻度取引情報を分析することによって市場参加者の行動を直接知ることができるため、非常に面白いデータであるといっていいだろう。

　しかし、高頻度取引情報はミリ秒やマイクロ秒という単位で観測されることから、これまで登場してきたデータと比べると量が非常に多い。その量の多さから日本国内ではまだ十分に調べられていない未開の地となっており、開拓の余地は大きい。

　では実際に1日に東京証券取引所（東証）へと送られる注文の件数はどれくらいかご存知だろうか？ 2017年6月の1カ月間のデータを集計すると、1日平均3,000万件の注文が東証に送られている。この数字は東証1部上場の2,053銘柄の合計である。ちなみに、最も多い銘柄は三菱UFJフィナンシャルグループ株で約43万件であった。注文1件につき約200バイトであるため、全銘柄の売買注文データは1日あたり約6ギガバイト（6×10の9乗バイト）となる。

　日本における株式売買は基本的には早い者勝ちというルールに基づいているため、売買注文の分析においてはデータの順番が非常に重要である。他のビッグデータでは、データの順番はあまり重要ではないように思う。例えば、POSデータの場合、どの時間帯に売れたかという情報は価値があるかもしれないが、順番まで意識する必要はない。株式の売買データを扱うためには順番を意識しなければならない点が、その分析を一段階大変なものにしている。

　では、具体的にイメージしてもらうために、ある日ある銘柄の注文列のデータを表8.1に示した。表8.1には20件の注文があり、一番左の列は東証で注文が処理された時間であり、ミリ秒の単位まで表示している。一番上の行は9時5分0秒210、一番下の行は9時5分0秒235であり、25ミリ秒の間のデータである。平均すると注文1件あたり1.25ミリ秒となる。表8.1をよく見てもらえば分かるが、同じミリ秒に複数の注文が処理されており、瞬間的にはもっと短い間隔で

8 高頻度情報から読む取引行動

表 8.1 日中の注文列のイメージ

時刻	注文タイプ		指値		キャンセル	
			価格	量	価格	量
9:05:00.210	売指値		5,899	200		
9:05:00.217	売指値		5,899	200		
9:05:00.221	売指値		5,899	200		
9:05:00.222	売指値		5,896	200		
9:05:00.223	売指値		5,897	100		
9:05:00.224	売指値		5,896	100		
9:05:00.225	買指値	約定	5,896	200		
9:05:00.226	買指値		5,890	200		
9:05:00.226	売指値		5,901	200		
9:05:00.227	買キャンセル				5,895	200
9:05:00.228	売指値		5,900	200		
9:05:00.228	売キャンセル				5,902	100
9:05:00.229	売キャンセル				5,903	100
9:05:00.230	売キャンセル				5,911	100
9:05:00.231	売キャンセル				5,912	100
9:05:00.232	買指値		5,895	100		
9:05:00.232	売指値		5,900	200		
9:05:00.233	売キャンセル				5,897	300
9:05:00.234	売キャンセル				5,897	100
9:05:00.235	売キャンセル				5,897	100

注文が処理されている。

　最も注文件数の多かった三菱 UFJ フィナンシャルグループ株で試算してみよう。注文数は 1 日平均 43 万件であった。東証が注文を受け付けているのは、注文の受付開始である 8 時から取引が終わる 15 時までの 7 時間、つまり 25,200 秒である。仮に同じ時間間隔で注文が出されるとすると、約 59 ミリ秒に 1 回、または 1 秒に 17 件という頻度になる。かなり高頻度で売買注文のやり取りが行われていることが分かる。

　表 8.1 の説明に戻ろう。左から 2 列目は注文の種類を表している。この中には買い注文、売り注文、買いキャンセル、売りキャンセルのいずれかが示されている。買い注文、売り注文はそれぞれその株式を買いたい、売りたいという注文である。また、買いキャンセル、売りキャンセルはそれぞれすでに出した買い注文、売り注文をキャンセルしたということを示している。上から 7 番目の注文だけ 3

159

図 8.1 株式市場における板の例

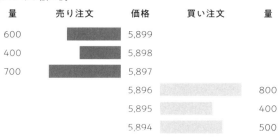

列目に約定の文字が入っているが、この買い注文がすでに出されている売り注文とマッチングし、売買が成立した（約定した）ことを示している。

右端から4列目までは、これらの注文がどの価格にどれだけの量が出されたのかを示している。株式を売買したことがある人はご存知かもしれないが、価格を指定しない成行注文というものがある。仮に買いの成行注文を出したときには、注文した量の分だけすでにある売り注文とマッチングをすぐに行うことで売買が成立する。このデータからでは、いくらで売買が成立したかは分かっても、それが成行注文であったかどうかは分からない。そのため、すべての注文に価格の情報が追加された形で表示している。

日中の売買データは時間、注文タイプ、価格などの情報で構成されている。分析する際には、これらの注文列から図 8.1 に示すような板と呼ばれる注文のプール状況を再現する必要がある。その上でそれぞれの注文が注文板の中でどのようなものであったのかを調べていかなければならない。日中の売買情報の分析には、大量のデータを処理するだけでなく、板の再現をしなければならないという手間がかかる。

2 東証における売買の変化

東証に売買注文処理システムである arrowhead が 2010 年 1 月 4 日に導入、そして 2015 年 9 月 24 日にリニューアルされ、注文処理速度は高速化してきている。それ以外にも売買ルールの見直しなど様々な取り組みが進められている。その結果として、東証での売買が変化してきた。東証における売買がどのように変化してきたのかについて、データを概観していきたい。

図 8.2 はトヨタ自動車株の 1 日の注文件数と売買高それぞれの 20 日移動平均である。実線の注文件数は 2012 年までの 1 日数万件から徐々に増えていき、2014

図 8.2　トヨタ自動車株の一日の注文件数と売買高の推移

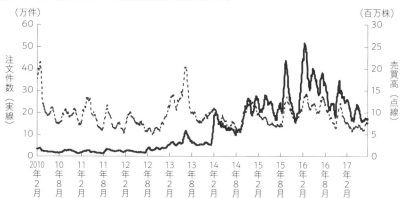

図 8.3　トヨタ自動車株売買における注文の構成比

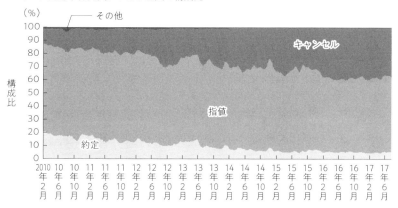

年に 10 万件を超えている。2016 年に 50 万件を記録し、2017 年は 20 〜 30 万件を推移している。概ね注文件数は 7 年間でほぼ 10 倍に増えたということがいえる。一方で、売買高は 1,000 万株前後を推移し、大きく変化していない。つまり、1 株の売買が成立するために、より多くの注文が行われるようになってきたということを意味している。

　注文数が増えたのは、投資家の売買について大きく 2 つの変化が起こったためと考えられる。1 つ目の変化は注文の小口化によって、1 回の売買や注文で出される株数が小さくなったことである。1 回の約定で売買される株数は、2010 年で平均 1,400 株であったのに対して、2016 年は平均 530 株と約 1/3 になった。トヨ

タ自動車株の小口化の理由は、小規模の投資家の増加、大口の投資家の注文の細分化などが考えられる。他の銘柄については、取引所による最低売買単位の引き下げなども影響している。

　注文数が増えたもう1つの変化は、注文の種類に関係している。図8.3はトヨタ自動車株に対する注文を大きく、①すぐ約定する注文（約定注文と表記）、②板に並んで待つ注文（指値注文と表記）、③キャンセル注文、④その他の注文に分けて、その比率を計算したものである。（なお、すでに出された注文の価格や量を変更する修正注文もあるが、これは①か②のいずれかに含めている。）

　図8.3を見るとキャンセル注文の構成比が徐々に増加しており、2010年には10～20%であったのが、2017年には30～40%になっている。一方で、約定注文は20%付近から5%付近へと大きく減少している。この間に指値注文はほとんど変化していない。つまり、1回の売買成立に対してキャンセル注文を多く使うようになったと解釈することができる。1回の約定までに注文とキャンセルを繰り返すことによって、買うときにはより安く、売るときにはより高くなるようにタイミングを図っているのではないかと考えられる。価格のよい注文が出た瞬間にそれを早く拾うために、このような行動を行っている。

　注文の小口化とキャンセル利用したタイミング選択を人手で行うのは難しい。例えば、10,000株の売買を小口化して、100株ずつ100回に分けて約定するということを考えると、それだけで100倍の手間がかかる。また、良い価格の注文を拾うためにはできるだけ早く市場の変化に対応できることが望ましい。したがって、プログラムを利用した売買は避けられないだろう。

　プログラムを利用した取引方法として、高頻度取引とアルゴリズム取引とが挙げられる。両者の違いの線引きは難しいが、特徴の1つとしてキャンセル注文の多さが挙げられる。高頻度取引はキャンセル注文を多用し、アルゴリズム取引は必ずしもそうではないということになっている[1]。

　参考として高頻度取引が行っている戦略について1つ紹介したい。単純に言うと「安く買って、高く売る」を何度も繰り返す戦略である。図8.4はこの戦略が狙う理想的な状況である。図8.4の斜線は自分の注文であり、買い・売りともに自分の注文が板に先頭に並んでいる状態を示している。先頭に並んでいる注文は、成行注文があればすぐに約定される。両方の注文が約定できれば差し引き1円の利益が期待できる。この1円のような小さな利益の積み重ねが1つの収益源であ

1　詳しい違いについては、保坂（2014）などを参照されたい。

図 8.4 マーケットメイク戦略のイメージ図

る。これはマーケットメイク戦略と呼ばれ、高頻度取引が行う主要な戦略の1つである。この戦略を行う場合、買い注文か売り注文のどちらかが約定した後に株価が一方向に動き、もう片方の注文が約定できず不利な値段で売買して損失を被ることがリスクとなる。後ろに並んだ注文が多ければ多いほど株価は動きにくくなるため、そのリスクは小さくなる。自分の後ろに他の指値注文が並んでいることが重要なのである。

3 まばたきより速い市場参加者

1つの出来事を紹介したい（出典：フラッシュボーイズ）。2010年頃、シカゴとニューヨークとを結ぶトンネルが、何百億円もの金額をかけて建設された。何のためにこのトンネルは建設されたのだろうか？それはシカゴからニューヨークへの注文を数ミリ秒短縮するためである。通信時間は距離に比例するので2都市をできるだけ直線に結ぶように光ファイバーを敷設するために、トンネルは建設されたのである。たった数ミリ秒の短縮のためだけに数百億円の投資が行われたということである。これは、市場の変化に対してより高速に反応することを重視した取引戦略を採っている投資家がいるということを示している。

前項に約59ミリ秒に1回注文が東証に送られているという試算を示した。このときの試算は同じ間隔で注文が送られるという前提に基づいていたが、現実はそのようになっていない。図8.5はある日のある1分間における1秒ごとの注文件数を示している。これを見ると1秒間に200件を超えることもあれば、1秒間に注文が1件もないこともある。このように注文が瞬間的に多くなったり、全くなかったりという傾向が見られる。これはある投資家が送った注文に対して、別の投資家がすばやく反応して注文を出したと考えれば説明することができる。このような考え方に立って、注文の時間間隔について少し調べてみよう。

図 8.6 は 2015 年 9 月 24 日から 12 月 29 日までのトヨタ自動車株の売買注文について、ある注文が出てから次の注文までの時間間隔の構成比を示している。この時間間隔は先に説明したとおり、別の注文に対する反応時間と考えることができる。最も目立つ特徴は 0.001 秒（1 ミリ秒）のところにあるピークで、これは前の注文から 0.001 秒という反応時間で多くの注文が送られているということを示している。

　図 8.6 によると、全体の注文の 7 割は直前の注文から 0.01 秒（10 ミリ秒）以内に出されている。人がまばたきするのには大体 100 ミリ秒程度かかるので、それよりも速い反応時間で注文が行われているのである。

図 8.5　ある 1 分間における注文件数

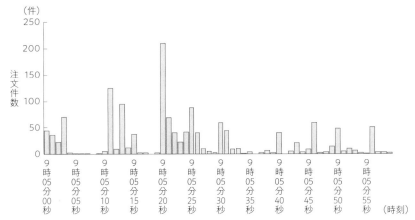

図 8.6 トヨタ自動車株の直前の注文からの時間間隔

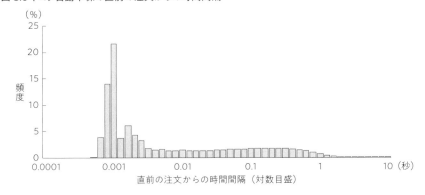

日本での高頻度取引事情についても簡単に触れておこう。日本で高頻度取引を行う参加者の大半は、東証の注文処理サーバーの近くに自分の発注サーバーを置くことができるコロケーションサービスを契約し、発注サーバー上でアルゴリズムを動かしている。そのメリットは市場である注文処理サーバーとの物理的距離である。市場の近くにあることで、株価の変化の情報を他の参加者よりも早く手に入れ、早く注文を出すことが可能となる。このコロケーションサービスを利用すれば、数百マイクロ秒という反応時間で注文することが可能である。なお東証の全売買注文の約5割がコロケーションサーバーから出た注文といわれている。

最近では、高頻度取引を行う参加者の収益が減少傾向にあることが報じられている。高頻度取引が広まりすぎたこと、各国での規制が強まってきたことなどが原因で、参加者1人あたりの収益が減少しているのである。高頻度取引を行う参加者も、今後淘汰されていくだろう。このように、市場の参加者は時代に合わせて変化していく。

2 分析から見える市場参加者の売買行動

1 ときどき起こる大きな注文

ここからはもう少し細かく投資家の売買行動を見ていこう。まず1回の約定でどれくらいの株数が約定されるかに注目してみたい。徐々に投資家が売買を小口化することは先に述べたとおりであるが、それは小口化するメリットがあるためである。例えば1,000株の売買を考えたとき、それを1回で売買する場合と10回に分けて売買する場合とでは、1回の売買における重要度が異なる。複数の銘柄に分散投資するのと同じように、売買を複数の機会に分けるという考え方である。また、株数の多い注文は他の注文に比べ目立つため、他の市場参加者に自分の売買行動がばれてしまう可能性がある。以上の2つの視点から注文を小口化した方がよいということがいえる。

しかし、実際に分析してみるとときどき大きな株数の注文により売買が成立している。図8.7は2017年6月1カ月間でのトヨタ自動車株の1回の売買における注文量を集計したものである。なお、寄り付きや引けなどは、板寄せという方法によって売買が行われることから、板寄せのときは複数の注文が同時に約定してしまうため、図8.7の集計からは取り除いた。

トヨタ自動車株は最小売買単位が100株であるため、一番左の棒グラフは100株である。この期間には20万回の売買が行われているがこのうち、1回に100株

図 8.7 トヨタ自動車株の 1 回の売買における注文量

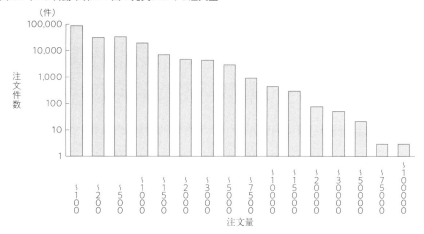

の売買が成立したのは約 9 万回で 45% を占めている。例えばこれの 100 倍の大きさの約定である、10,000 株以上の約定は 564 回で全体の約 0.3% に過ぎない。一見少ないようにも見えるが 2017 年 6 月は 22 営業日あるため、平均すると 1 日に 25 回はこのような大きいサイズの注文が起こっていると考えることもできる。ちなみに、1 回の売買で最も注文量が最も大きかったのは 169,400 株であった。

このような大きな注文を行うときには注意を要することを、図 8.8 の板の例を使って説明する。左は注文が多いとき、右が注文の少ないときを示している。左右それぞれの注文板に対して 10,000 株の買い成行注文を出すことを考えてみよう。左の場合には売り注文がある程度あるため、826.9 円で 2,000 株、827.0 円で 8,000 株が約定する。一方で市場に注文が少ない右の場合には、828.6 円までいっても 7,000 株しかないため、さらに高い値段で残りの 3,000 株が成立することになる。市場に十分な注文がなければ、不利な値段（買い注文なら高い値段、売り注文なら安い値段）で売買しなければならないことになる。

では、大きな株数の注文を出している市場参加者は、不利な値段で売買することを受け入れて売買しているのだろうか？それとも、十分な注文が出ているときを狙って大きな注文を成立させているのだろうか？どちらなのかを知るためには、大きな注文が成立することによって株価がどれくらい動いたのかを調べればよさそうである。その結果を図 8.9 に示した。

図 8.8 注文量の異なる注文板の例

量	売り注文	価格	買い注文	量
16,000		827.3		
11,000		827.2		
6,000		827.1		
21,000		827.0		
2,000		826.9		
		826.8		3,000
		826.7		7,000
		826.6		11,000
		826.5		12,000
		826.4		9,000

注文が多いとき

量	買い注文	価格	売り注文	量
2,000		828.6		
1,000		828.5		
3,000		828.4		
1,000		828.3		
		828.2		
		828.1		
		828.0		
		827.9		1,000
		827.8		1,000
		827.7		5,000

注文が少ないとき

図 8.9 トヨタ自動車株の一回の売買における注文量と株価変化

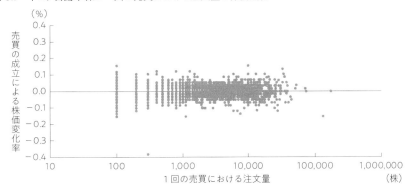

横軸は1回の売買における注文量であり、右に行くほどその量が多くなる。縦軸はその売買の成立による株価変化率を表している。1つのプロットは、1回の売買に対応している。この集計では、売り成行注文による売買成立なのか、買い成行注文による売買成立なのかを区別していないため、株価の変化はプラスとマイナスの両方がある。

仮に不利な値段で売買することを受け入れて売買しているのであれば、注文量が大きくなると、株価変化率がプラスとマイナスのどちらかの方向に大きくなるため、縦方向にプロットが散らばる傾向が見られるはずである。しかし、そのようになっておらず、注文量が大きくなっても、株価変化率が−0.1%から0.1%の間に収まっている。したがって、十分な注文が出ているときを狙って、大きな注

文を成立させているということになる。注文を小口化して分散化を図るだけではなく、ときには大口の注文の売買を成立させるためにタイミングを図っているのである。

2 高速な市場参加者の反応

　高頻度取引やアルゴリズム取引を行う市場参加者が、どのような戦略をとっているのかをうかがい知ることができる結果があるのでそれを紹介したい。注文列の中には直前の注文によって生じた価格や注文板の変化に非常に高速で反応して出されたような注文が見られる。その反応の速さについては1節3項で述べたとおりである。ここではさらに踏み込んでそれらの注文がどのような反応をしているのかについて調べてみた。

　まず図8.10を見ていただきたい。これは実際の市場でよく起こっている注文列のパターンの一部を取り上げ、それを模式的に表したものである。左から右へ時間が経過していくとして、1つの丸や星は1つの注文を表している。色の違いは直前の注文との時間間隔を表しており、黒丸は直前の注文からの時間間隔が短く、直前の注文に反応したと考えられる注文、白丸と白星は直前の注文からの時間間隔が長く直前の注文に反応したとはいえない注文である。

　図の中の2カ所の黒丸の塊は、その先頭の白星で示した注文の直後に短い間隔で連鎖的に出された注文と考えることができる。白星で示した注文に反応して別の投資家が黒丸で示した注文を出し、それに反応してさらに別の投資家が注文を出したという状況と解釈でき、白星の注文は黒丸の注文の連鎖が発生するきっかけになっていると捉えることができる。このきっかけの注文とその後の注文の連鎖を調べることで、高頻度取引やアルゴリズム取引がとっている戦略の一部を知ることができるはずである。

　この注文の連鎖を詳しく分析をするため、それぞれの注文に対して言葉を定義したい。まず、直前の注文から10ミリ秒以内に出された注文を、短い時間間隔で出された注文（図8.10の黒丸で示した注文）とする。それ以外の注文は直後に

図8.10　きっかけ注文とそれに反応する注文のイメージ

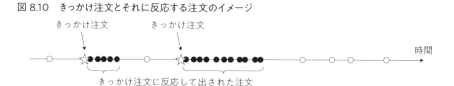

短い時間間隔の注文の連鎖を引き起こすかどうかで判別し、注文の連鎖を引き起こせばきっかけ注文（図8.10の白星で示した注文）とし、引き起こさなければその他の注文（図8.10の白丸で示した注文）であるとする。

　次にきっかけ注文の種類によって分類する。注文の種類とは買い約定、買い指値、買いキャンセル、売り約定、売り指値、売りキャンセルの6種類である。分類の目的は、きっかけ注文が買い約定なのか売り約定なのかその他の種類なのかによって、その後に連鎖する各注文の種類の構成や市場に与える影響が異なるかどうか調べることにある。そのために、これらの6種類のきっかけ注文によって引き起こされた、短い時間間隔で連鎖した注文群（以下、連鎖注文と呼ぶ）を取り出す。比較のため、きっかけ注文直前の25注文（以下、直前注文と呼ぶ）、連鎖注文直後の25注文（以下、直後注文と呼ぶ）も取り出しておく。取り出した注文群を時間の順番に並べると、①直前注文、②きっかけ注文、③連鎖注文、④直後注文となる。

　このようにして取り出した①〜④の注文群が株価にどのような影響を与えたのかについて調べてみよう。ここでは株価を注文板の状況で調整したマイクロプライスというものを用いる。マイクロプライスの計算方法はここでは割愛するが、6つの種類の注文はマイクロプライスを計算上次のように変化させる。株価を上昇させる買い約定、買い注文を増やす買い指値、売り注文を減らす売りキャンセルの3種類によってマイクロプライスは上昇する。この3種類の注文を以降では上向き注文と呼ぶことにする。残りの3種類の注文によってマイクロプライスは下落するため、下向き注文と呼ぶ。

　図8.11は①〜④の注文群によって、マイクロプライスが平均的にどのように推移したのかを示している。図8.11の横軸は①〜④の注文群で、縦軸はこれらの注文の間のマイクロプライスの平均的な推移である。この図では②きっかけ注文の直前のマイクロプライスを0bp（bpは百分の一％）として表示した。それぞれの線は②きっかけの注文の種類に対応している。図8.11は2015年10月から2016年9月までの1年間のトヨタ自動車株について、約3,300万の注文をまとめた結果である。

　図8.11を見ると、②きっかけ注文が上向き注文のとき、計算通りマイクロプライスは上昇する。興味深いのはその後の③連鎖注文によっても、マイクロプライスは上昇しているという結果である。②きっかけ注文によるマイクロプライスの変化を、その後の③連鎖注文は増幅させているのである。同様に②きっかけ注文が下向き注文のときには、その後の③連鎖注文はマイクロプライスを下落させて

図 8.11 各注文によるマイクロプライスの推移

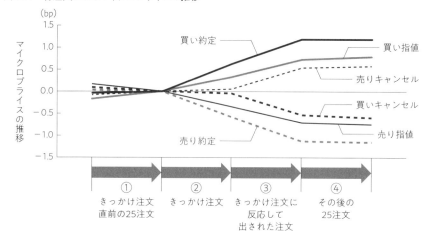

おり、②きっかけ注文によるマイクロプライスの変化を増幅させている。

なお、その前後の①直前注文や④直後注文によるマイクロプライスの変化はほぼ 0 であることから、この傾向は大きな株価トレンドの中で起こっているわけではない。

では、③連鎖注文の種類について調べてみよう。図 8.12 はそれを詳しく調べた結果である。縦軸は②きっかけ注文の種類で、横軸は③連鎖注文の種類別構成比であり、上向き注文はプラス側に、下向き注文はマイナス側に表示した。図 8.12 を見ると②きっかけ注文が上向き注文のときには、③連鎖注文における上向き注文の構成比は下向き注文の構成比よりも多く、棒グラフが右寄りになっている。逆に②きっかけ注文が下向き注文のときには、棒グラフが左寄りになっている。

さらに②きっかけ注文が上向き注文の場合には、③連鎖注文の中で売りキャンセルの方が買いキャンセルよりも多くなっており、同じキャンセルの中でも偏りがある点は興味深い。これが本章のはじめに述べたキャンセル注文が増えたことと関係していると考えられる。高頻度取引やアルゴリズム取引は自分が出した注文の売買が成立するタイミングを調整するためにキャンセルを利用しており、高頻度取引やアルゴリズム取引が存在感を増してきた結果として、全売買注文の中でのキャンセル注文の割合が増えたのではないかと思われる。

図 8.12 高速に反応する注文の種類

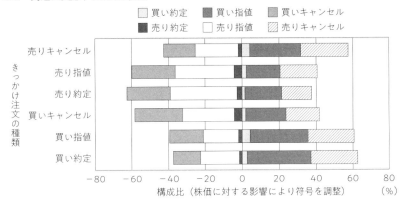

③ イベントと株価変化

① イベントに反応するアルゴリズム

　日中に起こるイベントや発表されるニュースは、その日の株価形成に大きく影響する。特に近年では、ニュースを解析して自動的に売買するアルゴリズムによって、ニュースが持つ株価形成への影響がより顕著になっているといわれている。

　図 8.13 に示したのは、2016 年 4 月 28 日における三菱電機株の、13 時 00 分から 13 時 30 分の間の株価チャートである。グラフの真ん中、縦の点線が入っているタイミングで大きな変動が起きていることが見て取れるだろう。この日、13 時 15 分に決算発表が行われており、それに反応した大きな株価の変動である。図 8.13 の動きで特徴的なのは、株価が一方向に動いているわけではなく、発表直後には株価は大きく下落し、その後すぐに急上昇していることだ。これは、発表に対する評価が二転三転したことによるものと考えられる。このような現象は昔からあったが、コンピュータが介在することで一層激しくなっている。もし株価が下落したタイミングで株を売却してしまった場合、その後の株価の急騰で結果的にその投資家は大きな損失を被ることになる。

　より動きを詳細に見るために 13 時 15 分の前後 30 秒だけを抜き出したのが図 8.14 であり、13 時 15 分の発表後すぐに株価が大きく下落していることが分かる。こうした動きは発表内容を悪い情報だと即座に判断したアルゴリズムによるもの

である可能性が高い。さらに、この例では十数秒経過後に株価が大きく上がっており、決算内容をチェックした結果、株価が下落するようなものではないと判断したアルゴリズムが現れた可能性が考えられる。ただし、発表後十数秒経過していることを考慮すると、人間がニュースに反応した可能性もあるだろう。

上の事例がイベントやニュースに自動的に反応するようなアルゴリズムによるものであれば、瞬時に反応する株価の動きが他のイベントやニュースに対しても現れているはずである。ここでは、東証の適時開示情報、金融ニュースの2種類の情報と株価との関係を見てみたい。

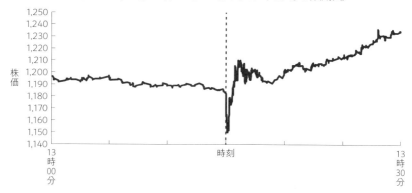

図 8.13　三菱電機株 2016 年 4 月 28 日 13 時 00 分から 13 時 30 分の株価推移

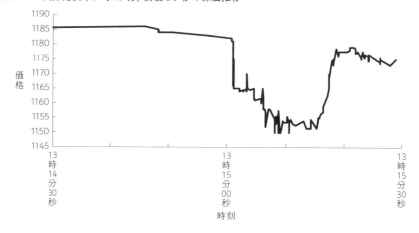

図 8.14　決算発表（13 時 15 分）前後 30 秒の株価推移

2 イベントの前後で動く株価

まず、東証の適時開示情報と株価の関係を見ていこう。適時開示情報は企業の決算情報やコーポレートアクションを発表するものであり、多くの投資家が注目している。適時開示情報は企業による自身についての発表であり、一次情報（当事者が直接発表する情報）であるといえる。前項の例で上げた三菱電機株の決算発表も適時開示情報によるものである。

さて、もし適時開示情報の発表をモニタリングし反応するアルゴリズムが存在するとすれば、発表直後に多くのケースで瞬時に株価が動いているはずである。そこで、適時開示情報の発表時刻～発表1秒後で株価が少しでも変化したような事例がどのくらいあるかを調べた。発表後1秒間という時間は、人間で反応するには難しく、アルゴリズムでは反応可能な時間として設定した。比較対象として、適時開示情報の発表1秒前～発表時刻で株価が少しでも変化したような事例も調べている。

すると、図8.15のように、発表後1秒間で株価が変化した事例は1年で500件強あることが分かった。分析対象の適時開示は約3,700件であるため、全体の1割以上でこのような株価の変化が起きている。発表1秒前～発表時点に株価が動いた事例と比較すると、発表後に動いた事例は2倍以上である。すなわち、発表後1秒間に価格が動いた銘柄の多くでは、適時開示の発表にアルゴリズムが反応して売買が行われたといえるだろう。

ではアルゴリズムが反応した銘柄の株価は、どのような変化をするのだろう？アルゴリズムが何らかの判断を元に売買を行っているならば、その売買方向次第で、その後の株価変化も異なる可能性がある。そこで、発表後1秒間に株価が変

図8.15　適時開示発表時刻の前後に株価が変化していた銘柄数
　　　　（集計期間：2015年10月～2016年9月の1年間）

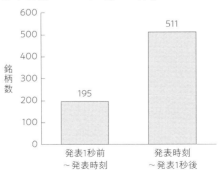

図 8.16 適時開示発表前後の平均的な株価変化

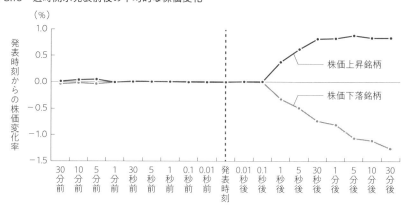

化していた銘柄群を株価上昇銘柄と株価下落銘柄に分けて、それぞれの適時開示発表前後の平均的な株価変化を計算したのが図 8.16 である。

図 8.16 を見ると、株価上昇銘柄、株価下落銘柄ともに発表以降数分程度の間は、発表後 1 秒間の株価推移と同方向の株価トレンドが続いている。発表時刻〜1 秒後の売買はアルゴリズムの反応によるもの、発表から数秒〜数分経って行われた売買は発表内容を解釈し判断している人間によるものとすれば、アルゴリズムと人間は平均的には同方向の売買を行っており、アルゴリズムは発表内容を解釈している人間の投資家と同じ売買判断をしていることが分かる。

株式の一般的な売買目的の 1 つに、売買後の値上がり（値下がり）を期待した購入（売却）が挙げられる。もし図 8.16 における両者の売買判断がその後の値上がり、値下がりを期待したものだとすれば、アルゴリズムは人間よりも安く購入（高く売却）できており、高速な判断による効果が出ているといえる。

金融ニュースと株価の関係にも触れておこう。図 8.16 で見たような株価変化のトレンドは、情報が段階的に広まることで生まれる。その情報の拡散に重要な役割を果たしているのが、Bloomberg（金融情報サービス大手）、Yahoo などが報じる金融ニュースである。上場企業は数千社もあるため、一般の投資家がすべての上場企業の発表を即座にチェックするのは難しい。二次情報源である金融情報サービスは、発表内容を要約したり、重要な発表を選別したりして、金融ニュースを提供する役割を果たしている。これらの金融ニュースを知ったことで行われる売買は、株価にトレンドを生む可能性がある。

図 8.17 は、業績の上方修正を発表したある企業の、発表前後の株価変化であ

図 8.17　上方修正を発表したある企業の、発表前後の株価変化

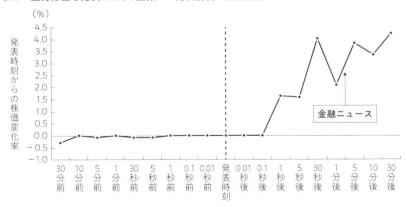

る。発表直後に株価が大きく上昇、30秒程度経過して一旦下落に転じたが、その後再度上昇している。発表から約3分後に業績好調のニュースをBloombergが報じており、これが再上昇の一因だと考えられる。Bloombergからのニュースに投資家が反応して売買を行ったことが、株価の複雑な変化に寄与したのだろう。このように、企業発表や金融ニュースは株価に影響を与えるが、その影響は必ずしも単純ではない。例えば良いニュースが発表されても、そのニュースが既に周知の事実を伝えるものであれば、株価への影響は大きくはない。また、「とても良いニュースが出るだろう」と期待していた投資家が多い場合、多少の良いニュースが発表されただけでは、失望した投資家により株が売られることもある。

4 本章のまとめ

　本章では高頻度取引情報を分析することによって、市場参加者の売買行動について見てきた。高頻度取引やアルゴリズム取引を中心にどのような売買行動を行っているのか、そのほんの一部をご紹介した。高頻度取引やアルゴリズム取引が株式市場、株価や他の市場参加者に対しどのような影響を及ぼすのかについて、国内はもとより海外においても結論は出ていない。時と場合によって、また市場によっては良い効果を及ぼすこともあれば、悪い効果を及ぼすこともある。市場参加者の売買行動は進化し続けていくはずであるため、この進化が市場にどのような影響を及ぼすのかを、高頻度取引情報の分析を通して継続して考えていかなければならない。

参考文献

川口宗紀, 田代雄介 (2017),「注文の連鎖に基づく株価への影響に関する分析」, 日本ファイナンス学会 第 25 回大会予稿集.

保坂豪 (2014),「東京証券取引所における High-Frequency Trading の分析」, JPX ワーキングペーパー Vol.04

9

金融における
データ活用の将来

第3章から第8章まで、様々な金融データを取り上げ、それらを利用した分析事例を紹介してきた。本書で取り上げたトピックは、主に資産運用やリスク管理への応用を意図したものであり、企業分析からマクロ経済分析まで多岐にわたっているものの、それでも金融業界で行われているデータ分析のごく一部に過ぎない。本章では、金融におけるデータ活用の動向についてより広いトピックを紹介するため、日本を代表する専門家の方々に論文の寄稿やインタビューへの協力を依頼し、記事としてまとめた。

最初に、日本銀行の金融高度化センターのセンター長の家田明氏と副センター長の山口省藏氏へのインタビュー記事を掲載する。多くの金融機関に共通するデータの利活用の意義や課題を議論するとともに、前の章までに盛り込めなかった先進的なデータ活用の事例を取り上げる。次に、マーケティング領域におけるデータ活用について、慶應大学の星野崇宏教授へのインタビュー記事を掲載する。マーケティングの領域では、以前より消費者の行動データやPOSデータなど、個人や個別の財に関するデータが分析されてきた。金融の領域でも、個々の投資家や家計の行動データを扱うことが増えており、マーケティング領域の知見は金融データ分析でも重要になっていくと考えられる。最後に、東京大学の和泉潔教授の論文を掲載した。先進的なデータ活用の事例と学術研究の動向を踏まえつつ、金融におけるデータ活用の将来が展望されている。

1 金融機関におけるデータの利活用の意義

日本銀行　金融高度化センター　　センター長　家田　　明氏
副センター長　山口　省藏氏

(略歴)
家田明氏。1988年東京大学大学院理学系研究科修士課程修了。金融研究所、鹿児島支店などを経て、2016年7月より、現職。
山口省藏氏。1987年上智大学法学部卒業。考査局、京都支店などを経て、2011年7月金融高度化センター企画グループ長。2013年4月より、現職。

今後の金融機関におけるデータの利活用の意義、さらにはその上で大切な課題などについてお伺いします。

9　金融におけるデータ活用の将来

――まず初めに「**日本銀行の金融高度化センターとは**」どのような機能をお持ち
の組織でしょうか？

家田　金融高度化センターは、2005年に設立された組織です。この年は、ペイオ
フが全面解禁され、日本銀行の信用秩序維持政策が危機管理重視から、公正な競
争を通じて金融の高度化を支援していく方向に変わった年です。
　金融高度化センターは、セミナー活動、論文の発表、個別の相談などを通じ
て、金融の機能向上を支援することを目的に、金融機構局内に設立されました。
　金融機構局は、従来から「考査」、「オフサイト・モニタリング」といった機能
を有しています。金融高度化センターは、これらの従来機能に並ぶ、第3のチャ
ネルと位置づけられています。

――金融機能高度化の観点で「**設立後から現在まで取り組まれたテーマ**」はどの
ように変遷してきていますか？

家田　金融高度化センターの設立当初の中心テーマは、VaR（Value at Risk）に
代表される定量的なリスク管理手法の高度化でした。その後、金融機関の取引先
の創業・再チャレンジ支援、アグリ・ファイナンス、金融機関のガバナンス改革、
さらには、企業評価の高度化や、業務改革といったテーマを取り上げています。
　最近は、金融機関におけるデータの活用が大きなテーマになっており、「商流
ファイナンス」や「ITを活用した金融の高度化」などについてワークショップを
行ってきました。

――多様な活動をなさっておられるのですね。ここで少し一般的な質問になりま
すが、「**今後、データ活用が金融業界にもたらす変化、その展望**」についてはどの
ようにお考えですか？

家田　金融の世界で使われているデータについては、デジタル化が急速に進展し
てきており、伝票や証票の数値情報や文字情報のデジタル化が進めば、加工や分
析が行いやすくなり、データの活用が容易になります。
　このため、与信審査、資産運用、リスク管理をはじめとして、様々なサービス
提供、事務の効率化の面でも、デジタル化されたデータをいかに活用するかとい
うことが、これからの金融機関の大きな課題になるでしょう。

179

例えば、与信審査では、財務的な情報だけではなく、これまであまり活用されていなかった「企業の受発注に関するデータ」や「企業の預金口座の入出金データ」を用いることで、信用評価の精度の向上を図ることができます。

　また資産運用でも、資産価格や企業財務の数値情報だけではなく、当局のコメントやアナリストコメント、あるいはニュースなどのテキスト情報の使用により、多様な運用手段やモデルを開発することもできるでしょう。

　リスク管理面でも、リアルタイム情報を活用することにより、モニタリングやリスク予兆管理の高度化などが見込まれると考えます。

　また、データをフル活用するための分析手段として、AI等の新しい手法も有力な武器になると考えます。

──「顧客向けのサービス提供」という面ではどうでしょう？

家田　コンサルティングやマーケティング、顧客からの問い合わせ対応等の顧客向けサービス提供の上でも、データアナリティクスに基づいた的確なサービスの提供競争が当然になってくるであろうと思います。

　営業活動面では、例えば、個人の預金口座に大口の入金があった場合、それを自動的にシステムで感知して、預かり資産販売の担当者にセールス活動を促すといった仕組みがあります。こうしたセールスイベントを自動的に把握して、販売促進に活用する手法をEBM（Event Based Marketing）と呼んでいます。こうしたデジタルマーケティングの流れもますます強まるでしょう。

──「受発注データを活用具体的な事例」についてお話を伺えますか？

家田　融資業務において、「受発注に関するデータを活用する」事例として、トランザクション・レンディングというサービスが拡大しています。トランザクション・レンディングは、インターネット取引の決済サービスを提供している先が、その決済の取引履歴を利用して、ネットショップ向け等に行う融資です。

　ネットショップで商品が売れると、その代金が後日クレジットカード会社から入ってきますが、クレジットカード会社から代金が入ってくるまでの間の運転資金として貸し出すというのがこの融資の基本的な流れです。

　取引情報を持っていない金融機関が、コストをかけて会計情報を吟味して、運

転資金を融資するような従来のビジネスモデルでは、トランザクション・レンディングに太刀打ちすることはなかなか難しいのではないかと思います。

　日本では、従来型の与信ビジネスの収益性はすでに低い状況にあり、商流等の新たなデータの活用が対応の1つということになると思います。

――「企業の預金口座の入出金データ」を用いて信用評価の精度向上を図っている実例はございますか？

家田　はい。企業の預金口座の入出金データから、企業の信用力を把握する仕組みが実用化されています。これまでの会計データをベースとする仕組みと組み合わせることにより、信用力評価の精度を向上させることが可能になっています。

　福岡銀行の取り組みをその実例の1つとして挙げることができます。福岡銀行では日本リスク・データ・バンク社が提供する「銀行口座の入出金等の情報から信用力を判断するモデル」を使って、従来の審査手法ではなかなか融資ができなかった先への融資対応に取り組んでいます。

――自行の口座情報だけではお客様の情報のすべてを把握できないという問題がありますね。

家田　そうですね。従来の銀行の口座情報の活用については、「メイン行以外は十分な情報が取得できない」、「メイン行であっても、顧客の資金の動きのすべてを把握できない」という点が課題とされていました。こうした課題について、福岡銀行は、マネーフォワード社の会計アプリが収集してくる他金融機関にある預金動向の情報を活用することによって、対応しようとしています。

――顧客は自分の口座情報をオープンに提供することになりますね。

家田　そうです。ここで重要な点は、ユーザーが金融機関に受発注データや入出金データを提供するのは、それによりユーザーがより利便性の高いサービスを享受できるからにほかなりません。サービスが今までと同じなら、ユーザーにデータを提供するインセンティブは生まれません。

――すると、金融機関はますます「IT企業など他業界との連携」も大切なテーマになりますね。

家田 口座情報の活用の事例でも、先にお話ししたトランザクション・レンディングでも「金融にとって重要なデータが、金融以外のサービスの提供を通じて得られる」ようになっています。つまり、従来の金融の範疇を超えた新たな顧客サービスと従来の金融サービスを組み合わせなければ、今後の金融ビジネスの世界で生き残ることは難しくなると考えています。

　欧米ではFinTech企業はどちらかというと金融機関に対抗するものとして捉えられている傾向があると思いますが、日本ではむしろ連携をする関係にあるという見方が多いように思います。

　FinTech企業との連携が、「従来の金融の範疇を超えた新たな顧客サービスと従来の金融サービスの組み合わせ」を生み出し、新たなデータ活用につながっているということです。

　一方で、こうした動きに無関心な金融機関にとっては、FinTechそのものやFinTech企業と連携したライバル金融機関は大きな脅威になっていくと考えています。

——本日は色々なお話を伺わせていただき、大変ありがとうございました。

　金融機関はますますデータ活用の価値、重要性を意識し、従来の枠を超えて、組織的に取り組んでいく必要がありますね。データは宝の山の意識ですね。

家田 今、金融機関にはより便利なサービスをユーザーに提供することで様々なデータを確保し、それを新たなサービスの開発につなげていくというたゆまぬ努力が求められていると思います。そのためには、金融機関がデータのデジタル化への対応に組織を挙げて取り組んでいくことが強く求められていると考えています。

　今、金融の世界で起きていることは、「データを握る者が金融を握る」、「データを制する者が金融を制する」ということです。今後、そうした世界が一段と広がっていくことを前提として、金融機関は自分達のサービスを考えていかないといけないと思います。

——最後になりますが、金融高度化センターで2013年度に行った**「商流ファイナンスに関するワークショップ」**において、議論された**「商流ファイナンス」**について伺いたいと思います。

家田　2011年頃から、金融機関の金融仲介機能の高度化の1つとして、「在庫→売掛金→現預金」といった循環する事業の流れや、販売先・仕入れ先のネットワークの情報を活用した「商流ファイナンス」に注目するようになりました。

　商流ファイナンスの推進には、従来の「会計データ」を重視するような事業融資手法の限界に対し、新たな融資手法を探る意味合いがありました。

　一般論ですけれども、中小企業では会計情報と企業実態に乖離がありがちなこと、企業実態の変化を会計情報が即時に反映できないことが多いといわれています。そうした中、金融機関が、設立間もないため実務的な実績が乏しい一方で将来性が高い企業にうまく融資することができない、といったような限界もあります。

　商流ファイナンスの中核となるABL（Asset Based Lending）では、倉庫にある在庫の実査等で得られた定性情報が重視されていますが、近年、取引状況や取引ネットワークの情報を活用した商流の把握が進展しています。

　具体的には、信用調査機関が調べている主要取引先の情報や営業活動の過程で取得した取引情報から取引ネットワークを把握することが可能です。

　ただ、正確性でも、即時性でも、より優れているのは、取引に付随して発生するデータをそのまま活用することです。例えば、受発注情報があります。受発注を電子情報でやり取りする仕組みは、「EDI（Electronic Data Interchange）」と呼ばれています。従来、FAXでやり取りしていた受発注をコンピュータの間で行うというものです。大企業であれば、すでに多くの先でこうした方法を取り入れています。金融高度化センターでは、「EDI情報、すなわち企業の受発注情報を使って、企業の信用力を評価するモデルを構築する研究プロジェクト」を進めています。

――金融機関においても、この枠組みを大きく活用していくためには、何が必要ですか？

家田　現在、全銀協ではEDIを送金のシステムにつなげる「金融EDI」システムを構築中です。このシステムが完成し上手く機能すれば、受発注から資金決済までを一気につなげて、納品した商品の決済が終わっているかどうかを確認する作業（消込作業と呼びますが）を自動化することで、企業の経理部門の仕事をかな

り効率化することができると思います。

　同時に、金融機関側では、金融 EDI サービスを企業に提供することで、EDI 情報を把握できるようになれば、受発注情報を活用した融資業務の可能性が広がることになります。

――ありがとうございました。ではここで実際に商流ファイナンスに関するワークショップを主導された山口様にお話を伺えますか？

山口　「商流ファイナンスに関するワークショップ」では、2013 年 7 月から 12 月にかけ、商流情報の活用可能性について議論してきました。出席者の中心は金融機関、特に営業推進部門の IT を活用していくような部署です。加えて、金融周辺業の方、例えば、動産の評価をしている会社や売掛債権の保証をしている会社、さらにコンサル、IT ベンダーなどの方々に出席していただき、5 回にわたって様々なテーマについて議論しました。

　このワークショップでは、従来の会計データのみならず、商流情報を活用して新たな与信業務ができないかを議論してきました。第 1 回、第 2 回は、動産や売掛債権といった流動資産の与信への活用という意味で ABL に関する議論がされました。第 3 回以降、もう少し IT を活用して効率的に対応できないかということで、第 3 回では、電子記録債権のファイナンスへの活用について、第 4 回では、貿易金融の情報を電子データでやり取りする取組みについて議論がされています。

　最後の第 5 回は、さらにネットワーク情報を可視化し、それを商流ファイナンスに使えないか議論しました。鹿児島銀行から、取り引き先の仕入先・販売先のネットワークが把握できるシステムを、横浜銀行から、EBM（Event Based Marketing）について発表してもらいました。

　商流ファイナンスに関する議論は、このワークショップに留まらず、その後 2014 ～ 2016 年にかけ、2 期に分けて行った「IT を活用した金融の高度化」の中でも取り上げました。その中で、受注情報を分析して与信に活用できないか、また銀行口座の入出金情報を与信に活用できないかといった議論に発展していきました。

　これらのワークショップにおける研究結果は、日銀のホームページでご覧になれます。

184

——家田様、山口様。ありがとうございました。

② マーケティング領域のデータ分析・活用の動向

慶應義塾大学 経済学部・大学院経済学研究科 教授　星野　崇宏氏

(略歴) 2004 年東京大学大学院総合文化研究科広域科学専攻博士課程修了。博士 (学術、経済学)。名古屋大学大学院経済学研究科准教授、東京大学大学院教育学研究科准教授などを経て、2015 年より、現職。

　金融よりもビッグデータへの取り組みが進展しているマーケティングの領域におけるデータ分析・活用の動向についてお伺いします。

——初めにマーケティングの領域で利用されているデータには、どのような特徴があるのでしょうか？

星野　マーケティングは、おそらく個人の行動に関するデータが一番多く収集されてきた領域だと思います。このようなデータを利用することで、誰がどの商品をいつ購入したのか、もしくはどのサービスをいつ利用したのか、最近であればゲームアプリへの課金なども含め、個人の購買行動を追い続けることができます。このようなデータを通じて、商品の価格が上がるとどれだけ需要が減るのかという「価格弾力性」に関する研究や、どのような顧客が、どのような価格帯の商品を好んで買うのかといった販売促進活動に関わる研究が可能になります。例えば、ビールの価格販促がブランド選択に影響を与えるのかといった実証研究が進展しました。

　マーケティングのデータの特徴は、個人の行動を繰り返し観測することができることです。例えば、スーパーでの買い物の場合、個人がどのような購買行動をするのかを繰り返し観測することができます。職業選択や結婚・離婚などのイベントだと、個人の選択を繰り返し観測するのは難しいですよね。個人の行動を繰り返し観測できるデータのおかげで、マーケティング領域への統計学と行動経済学の応用が進みました。

——マーケティングの研究でよく利用される **POS（Point Of Sales）データ**について研究動向を伺えますか？

星野　POS データには、「何が、いつ、いくつ、いくらで」売れたのかが記録されています。スーパーやドラッグストアなどが、食品や飲料などの POS データを提供しています。メーカーは、POS データを分析することで、自社製品の店頭価格を知ることができ、さらには自社製品と他社製品の販売特性を比較することもできます。90 年代後半から、ポイントプログラムやロイヤルティカードが普及し始めたことで、「誰」が購入したのかも分かるようになりました。このようなデータは、顧客の ID が付与されている ID-POS と呼ばれています。

　ID-POS によって個人の行動を追えるようになり、これまで実験を通じてしか確認できなかった行動特性が、実際のデータでも確かめられるようになりました。例えば、人々の商品価格に対する反応は、以前その商品を購入したときの価格に影響されます。これは「参照価格効果」と呼ばれます。人々の参照価格は過去の購買経験によって決定され、その参照価格と現在の価格を比較して人々は購買行動を決定します。このような知見を踏まえて、米国では、人々が考える参照価格を下げないような取り組みが進み、価格競争の弊害やブランドロイヤルティの重要性が認識されるようになりました。日本では、残念ながらこのような認識がまだ浸透していないように思います。日本の企業は、依然として値下げによる短期的な売上増を志向し、日本の消費者も価格販促を待って購入するという状況が続いており、これが長く続いたデフレの一因になったともいわれています。

——**マーケティングのデータと経済や金融市場のデータの違い**についてお聞かせください。

星野　経済・金融データは、ほとんどが集計値です。例えば、マクロ指標は企業や個人の消費や投資活動を集計したものですし、株価や為替レートも、様々な投資家の売買の結果として得られるものです。個々の投資家がどのような売買を行ったのかまで踏み込んだデータは限られています。自動取引アルゴリズムはあくまで市場への反応で売買を行っている以上、株価の動きを決定するのは個々の投資家の反応ですからそれを理解することが重要です。しかし一般に行われている自動取引アルゴリズムやディーラーの予測は、株価の動きから平均的な投資家の動きを推察するというものです。個々の投資主体が、どのような状況下で、ど

186

のような投資の意思決定をするのか、個々の主体の意思決定がどのように株価に影響を与えるのかなどを行動経済学的な観点で研究をしようとすると、データが足りません。

　一方、消費行動については、大量のデータが存在します。消費行動に関するデータから、人間の非合理的な行動を繰り返し観測し、モデリングすることができます。例えば、人々がどのようなメディアに接触しているか（メディア接触）、もしくはどのようなWebサイトを見ているのかということと、消費行動との関係については多くの実証研究が存在します。人々の投資行動もメディア接触の影響を受ける可能性はありますが、投資行動に関するデータが不足しているため実証研究が進んでいません。メディア接触のような個人の行動履歴と投資行動のデータが結びつくと面白い研究ができるようになると思います。

　メディアの影響について、私も人々の行動に対するWebのニュースの影響を分析したことがあります。有名なポータルサイトのニュース欄に注目し、そこに出現する「政治」関連のニュース数を操作するという実験を行いました。約1,000人の方に3ヶ月間実験に協力していただき、実験の参加者にはポータルサイトに出現するニュース数を操作するプログラムを各自のPCにインストールしてもらいました。実験の途中に参院選がありましたが、政治関連のニュースを多く提示されたグループの人ほど投票率が高いという結果が得られました。また、実験の後に政治関連の知識をテストで調べたところ、政治関連のニュースを多く提示された人ほど得点が高いという関係も見られました。この実験結果から、人々の行動はメディアの影響を受けやすいということが推察されます。

——マーケティングの領域では豊富なデータを利用できるということですが、逆に、**データを利用する際に留意すべき点や課題**はないのでしょうか？

星野　マーケティングデータの課題としてよく指摘されるのは、「網羅性」です。データソースが、特定のチェーン店など一部の顧客層に限定されてしまうということがよく起こります。多数の会員が利用している有名なポイントカードの場合も、提携先以外のスーパーやコンビニの情報は含まれません。その結果、年齢層、地域、商品・サービスの価格帯などが偏ってしまいます。偏ったデータで、消費者の購買行動の景気に対する感応度や商品・サービスの価格弾力性を推定すると、一般の消費者の平均的な姿からずれてしまします。EC（Electronic Commerce）サイトの顧客データの場合も、楽天とAmazonでは顧客層が大きく異なるので、

自社データだけでは全体の顧客特性を把握するのが難しいという課題が生じます。

　顧客層の偏りに加えて、マーケティングのデータが、人間の行動の一部だけを観察したものであるということも課題と考えられます。POS データは購買行動、Web ログは Web の閲覧履歴だけを観察したものです。そのため、データに含まれる個人が、他にどのような行動をしているのか、ある行動が他の行動にどのような影響を与えたのかは推測するしかありません。Web 閲覧行動に限っても、自社の Web ログから分かることには限界があります。Web の閲覧行動は、自社のサイトに到着してからでないと追跡することができません。どのようなページを見てから自社のページを訪れたのかは、自社データだけでは分かりません。

――マーケティングデータに関する様々な課題を指摘していただきましたが、**課題に対してどのような対応がなされている**のでしょうか?

星野　異なるソースから得られた様々なデータをつなぎ合わせる「データ融合（データフュージョン）」という方法が存在します。年齢や住所などの属性が似ている人々を、同一人物と見なして異なる種類のデータを紐づけるイメージです。

　他に、スマートフォンのアプリから、ユーザーの位置情報を取得して、ユーザーの行動に関する様々なデータを紐づけることも試みられています。位置情報から、ユーザーがどこにいたのかを追跡することができるようになるので、購買データなど様々な行動データと紐づけられる可能性があります。最近になって、位置情報を正確に取得できるようになってきました。位置情報は、今後、有効なデータソースになると考えています。

　マーケティングの研究には大量のデータを利用することができますが、それでも完璧なデータというものは存在しません。取得したデータには、何かしら観測できない情報があります。さきほど述べたように、データの偏りや人々の行動の一部しか観測できないということが起こります。観測できない情報を統計学や機械学習の方法で補完しつつ、不完全なデータから全体像を推定する必要があります。難しい問題ですが、私のような統計学の専門家にとっては、大変面白い題材でもあります。

――**データ分析手法の面では、どのような進展がありますか?**

星野　最近は、機械学習を利用する研究が多いですね。ただし、機械学習を利用

する際には注意が必要だと考えています。機械学習を利用しても、データから自動的に何か有益な特徴を抽出できるとは到底考えられません。機械学習が得意な領域として画像認識と自然言語処理が挙げられます。これらの問題は、モデルが学んだ構造に普遍性があるため機械学習が機能しやすいのだと思います。一方で、金融市場を分析する場合には、市場に構造変化が生じると機械学習の手法が機能しにくいことはよく知られていると思います。

　私は、人間の意思決定には容易には修正できないバイアス（合理的な判断を妨げる偏見や先入観など）が存在し、そのような行動特性はシンプルなモデルで表現できると考えています。例えば「参照価格」の決定メカニズムを、過去の購買価格と現在の価格の合成値として表現するなどです。このようなシンプルなモデルには、説明がしやすいというメリットがあります。投資行動についても、自分が保有している株が突然下落したときの反応など、人間にはお金を失うことへの恐れに対して容易に修正できない行動特性が存在するのではないでしょうか？そのような行動特性をできるだけシンプルに表現できたら面白いと思います。

――最後になりますが、**マーケティング領域のデータ活用に関する将来展望**をお聞かせください。

星野　人々の行動に関する研究成果は、企業がマーケティングに応用するだけなく、国が政策や規制を考える際にも役立つ可能性があります。よりよい消費行動・投資行動を促すための施策に応用できると考えます。これまでも、このような観点の研究は行われてきましたが、実験に基づいた研究がほとんどでした。再度実験を行うと結果が再現しないことや、米国人に対する実験結果が日本人に対する実験からは得られないということがありました。

　先ほど述べたように、最近になって人々の行動に関する位置情報データを使って、様々なデータを紐づけることができるようになりました。それによって、実験研究ではなく、データを利用した実証研究で、人々の行動特性を確かめることができるようになってきました。個人の生活習慣、消費行動、投資行動など、行動パターン全体を分析できれば、とても面白い研究ができるようになると思います。人間は、いざとなると自分が思っているような行動、事前に計画した行動をするとは限りません。今後、大量のデータから、人間の消費行動や投資行動のバイアスがより正確に分かってくるようになると思います。

3 ビッグデータがもたらす金融市場の変化

東京大学 工学系研究科システム創成学専攻 教授 和泉 潔

(略歴) 1998 東京大学大学院総合文化研究科広域科学専攻博士課程修了。博士
(学術)。電子技術総合研究所 (現 産業技術総合研究所)、東京大学大学院工学
系研究科准教授を経て、2015 年より、現職。

　経済活動は世の中の様々な出来事に関連している。したがって、今この時点で
起きている、そして今まで過去に起きてきたあらゆる出来事について、より多く
そして正確に知ることができるなら、将来の経済動向を他人よりも早く高い精度
で予測できる。近年の情報通信技術の進歩は、そのような夢のような状態に近づ
きつつあるのかもしれない。最近のセンサ技術や通信・情報処理技術の発展や普
及に伴い、いわゆる「ビッグデータ」と呼ばれる、今までよりも大規模で多種類
のデータが獲得できるようになった。本節では、今までの章で紹介した様々な
データを金融市場で活用する技術が、今日の金融市場および将来の金融市場の現
場にどのような変化をもたらしつつあるのかを、いくつかの具体的な事例を紹介
し、その方向性を議論する。

1 データ活用が金融市場にもたらすもの

　たとえ大規模で多様なデータが手に入るようになったとしても、そのデータを
適切に分析する技術がなければ、資産運用や市場分析に活用することは難しい。
その意味でも、人工知能 (artificial intelligence, AI) 技術とりわけ機械学習によ
るデータ分析技術が発展している近年が、金融市場の大きな変化点になりつつあ
る。

　人工知能とは機械に人間と同じような知能を実現しようとする学問分野である。
機械学習は人工知能の基礎技術の1つであり、機械 (コンピュータ) を使ってデー
タから新たな知識やルールを認識し獲得する技術である。近年は深層学習 (deep
learning) などの発展した機械学習手法の登場により、画像や音声のデータ解析
分野では、人間が機械にほとんど前提知識を与えなくとも、大規模データから自
動的に有効なパターンを見つけ出せるようになってきた。

　このような人工知能技術の応用発展の波は、金融市場の分野にも押し寄せてい
る。特に資産運用の分野では、もともとクオンツ分析など定量的なデータを統計

的に解析する試みが普及していたので、人工知能技術の中でも機械学習の手法との相性が良い。それでは、大規模データの獲得と解析技術の高度化により、金融市場分析や資産運用分野においてどのようなことが新たに可能になったのだろうか。それは、「分析対象の拡張」と「分析技術のコモディティー化」である。分析対象の拡張とは、人工知能技術により今までのクオンツ分析では取り扱えなかった新たなタイプのデータを、市場分析に利用することができるようになったことである。例えば、非構造化データと呼ばれる画像や音声、言語などの今までの数値データとは異なる種類のデータを用いた市場分析に機械学習技術は応用されている。また、数値データでも今までは規模が格段に違うテラバイトやペタバイト級の膨大な金融データを高速に自動解析することもできる。もう1つの分析技術のコモディティー化は、経験を積んだ少数の専門家だけが提供することができた高度な市場分析の技術を、人工知能技術によって再現することである。これにより、今までごく少数の人々しか受けられなかったような資産運用に関する高度なサービスを、より多くの人々が利用できるようになる。

すでに実際の資産運用の現場で人工知能技術を用いて大規模データを活用することは様々な形で実際のサービスとして導入されてきている。分析技術のコモディティー化に関するサービスについて、例えば個人投資家向けに最適化した資産運用計画を提案するロボットアドバイザーは、すでに複数の会社がサービスを提供し資産運用の裾野を広げることに貢献している。定型的なルールで市場を分析して資産運用を行うような作業や、決まったパターンのみでレポートを作成するような作業は、すでに機械に置き換わりつつある。このような分析技術のコモディティー化は避けられない流れである。

分析対象の拡張に関するサービスについても、画像や動画、テキストといった非構造化データや大量の数値データを機械学習のアルゴリズムで解析して、市場予測に取り組んでいる事例を前章までにいくつか紹介してきた。現在、これらのデータ活用技術を利用して資産運用していることをアピールしている金融機関もかなり登場している。金融機関や個人投資家に対して人工知能技術で今までに使われていなかったような新しいタイプのデータを分析して得た新たな情報を提供するサービスを行う情報ベンダーも出現している。

画像データの活用サービス

センサ技術とデータ解析技術の進歩が資産運用分野にもたらした恩恵として最初に挙げられるのが、画像や音声またはそれらを合わせた動画データの分析が可

能となった点である。まず人工衛星から撮影した画像を解析して市場分析するサービスを紹介する。

現在、地球の軌道上には4,400機以上の人工衛星が存在している[1]。人工衛星が地表をとらえた画像では、地上の数十センチ四方の大きさまで観測できる解像度を持つ。複数の人工衛星が撮影した画像を集めることによって、地球上のほぼ全域について1日数回以上の画像を定期的に取得することができる。2014年の米国の規制緩和により、このような高解像度の衛星画像を様々な目的で一般企業が利用することが可能となった。例えば、グーグル社はデジタルグローブ社から購入した高解像度の衛星画像をグーグルマップの地図サービスに使っている。他にも災害復旧や都市計画、資源探索、航路探索、自然観測などの商用利用が進んでいる。

当然、金融市場の分析にこれらの衛星画像を用いるサービスも商用化されている。例えば、米国のオービタルインサイト社（https：//orbitalinsight.com/）は、複数の会社から衛星画像を購入している。これらの衛星画像から世界中の石油タンクが写った画像を解析し、特定地域の石油貯蔵量を推定して石油市場の動向を予測するサービスを行っている。衛星画像の分析の際に機械学習による画像解析技術を用いて、石油タンクの識別をしている。さらに、石油タンクの浮き屋根の影の変化を検出し、タンクに備蓄されている石油の量の推定を行っている。これにより、貯蔵バレルの正確な統計値が入手困難な地域でも、信頼性の高い石油在庫の推定値を得ることができる。この推定値を毎日、投資会社やヘッジファンドなどの顧客に提供している。他にも、衛星画像から車両の識別を行い、大型商業施設に来ている顧客の車の駐車数の時系列変化を推定している。これにより、顧客の消費行動の変化を分析し指標化を行っている。その他にも、水資源の貯蔵量の変化や干ばつ状況を把握して通知するサービスなども手掛けている。また、同じ米国のテルアス・ラボ社（https：//telluslabs/com/）は、米国海洋大気庁からの気象データや米国農務省からの季節と作物の成長情報と一緒に高解像度の衛星画像を分析して、特定地域の農業生産を予測し先物市場分析のための情報を提供するサービスを行っている。画像から収穫量の予測をする際に、機械学習のアルゴリズムが使われている。

---

[1] ファン！ファン！JAXA（2017年3月6日時点）、http://fanfun.jaxa.jp/faq/detail/57.html

テキストデータの活用サービス

　画像以外では特にテキスト情報の解析サービスに取り組んでいるところが多い。既存の情報配信会社も人工知能技術によるニュース解析を行っているし、様々なベンチャー企業もこの分野で立ち上がっている。例えば、Prattle 社（https：//prattle.co/）は、米国や日本をはじめとした各国の中央銀行の発行物をテキストマイニングし、そのセンチメント（テキスト内容のポジティブとネガティブの度合い）をリアルタイムに配信するサービスを行っている。発行物ごと、要人の発言ごとに機械学習の手法でセンチメントを計算し、その移動平均をスコアとして算出している。他にも Insight360 社（https：//www.insight360.io/）は、企業に関するテキストデータや数値データ等を入手し、ESG（Environment, Social, Governance）に関する 14 のトピックの指数を生成している。今までは、企業の ESG 評価は人が行っていたため、バイアスが含まれていたが、大量のデータをもとに評価することで客観性を担保することを目指している。

　このように、資産運用や市場分析を大規模データの人工知能技術による解析でサポートすることをビジネス化する会社がこれからも多く登場してくるだろう。

2 金融データ活用の課題と将来

　このまま金融市場でのデータ活用が高度化していくと、「データに語らせる」という立場で、データを適切に分析すれば資産運用や金融実務に必要な事実が自ずと明らかになるのだろうか。そして、金融市場の分析には人間の思考や洞察力に頼らなくても済むようになるのだろうか。そのようなことは少なくともここ数十年では起こりえないと考える。機械によるデータ解析には、現在どうしても人間の能力にはかなわない点がいくつかある。そのため、しばらくは人間に取って代わるものではなく、人間の能力を増大させる道具として活用されることになる。以下の節で、機械によるデータ解析の持つ弱点を説明していく。

解くべき問題の設定は人間が与える

　機械学習によるデータ解析が社会の様々な分野で応用され話題となっている。例えば、車両の自動走行や医療の自動診断、人間との対話システムは機械学習技術によりその能力を大幅に向上させた。少し前まで当分は機械には無理だと思われていた、将棋や囲碁などの知的なゲームの熟達したプレイまでも、人間並みか場合によっては人間を上回るパフォーマンスでこなすことが可能となった。

　しかし、これらはすべて最初の問題設定は人間から与えられている。決められ

た環境と判断材料の中で、機械はその問題設定に特化した最良と思われるパターンを見つけ出している。例えば将棋や囲碁の学習では、行動の選択肢（駒や石の動かし方）や評価方法（王を取られたら負け、相手より陣地を多く囲った方が勝ち）、参照すべきデータ（過去の棋譜データ）などはあらかじめ人間が決定している。機械はどんな行動があり得るのか、この評価自体が間違っていないか、どのデータを参照すべきかという問題設定自体に関わる根本的な問題には悩まないですむ。

　それに対して金融市場は、市場参加者がある情報を参照して行動し、その行動が金融市場に影響を与えうるならば、それこそ世の中のすべての事柄が関わりうる。太陽の黒点の数に関するデータも金融市場分析に使うべきかなど、参照するデータと参照しないデータの線引きを判断していかなければいけない。また、取引戦略は常に進化しているので、行動の選択肢も常に新しいものが出てくる。場合によっては、自分自身で新たな取引戦略を開発することもありうる。さらに、自分が選択した行動の評価も、その後の金融市場の変動によって、自分で善し悪しを判断しなければいけないこともある。例えば、その時々の経済的な状況によって、リターンを重視すべきかリスクを重視すべきか、短期的な利得を重視すべきか長期的な利得を重視すべきか等を自分で判断しないといけない。

　このような問題設定の根本的な課題や、あらゆる出来事に関わる一般的な問題を解くことは、現時点では人間の方が機械よりもはるかに優れている。おそらく人間は、それまでの様々な社会的な実体験に基づいた「一般常識」や「ひらめき」を使って、この手の問題を解いている。金融市場分析での機械と人間の当面の役割分担は、人間がまず関係のありそうなデータの範囲や目標を示し、そこから機械学習によるデータ解析を用いて有効そうなパターンの候補を挙げてもらう。機械が提示した候補をどう評価して、実際の行動に使うのかを人間が判断するという形になる。さらに、分析対象となっているデータになかったような新しいイベントや急激な変化が発生した場合の大局的な判断は、人間の常識や直観による判断が求められる。

ブラックボックスを信用できるのか

　たとえ機械学習によるデータ解析で、非常に高い精度で市場予測ができる戦略を見つけられたとしても、本当にそのまま実運用に用いることができるのか。過去のデータにはよくフィットしていても、ある日突然予測精度が低下することが起きないか。異なるデータ解析手法による市場予測で、過去データのバックテス

トで同等のパフォーマンスを示した場合に、これからの運用でどちらを使えばよいのか。

線形回帰などの伝統的な統計解析ならば、データのどの要素がどう作用して、このような予測結果となったのかという予測のプロセスが人間にも理解可能である。ある要素のこれからの動向が不明確な時期であれば、その要素が作用して出た予測結果の信頼性は低くなるだろう。逆に、ある要素の動向が確実に分かっている場合には、その要素の重要視した予測結果の信頼性は高い。予測のプロセスが人間にも理解可能な場合はこのような判断が可能である。しかし、深層学習などの高度な手法によって学習した結果の中身は複雑すぎて、人間には理解できないブラックボックスになってしまうことが多い。外れるにしろ当たるにしろ、その理由が分からない手法に、実際の資産運用を全て任せることは無理であろう。

機械学習によるデータ解析の結果を人間に理解可能なようにするための技術的な試みは、いくつか行われている。例えば、ある機械学習手法によって得られた結果を、別の機械学習手法により人間に理解しやすいような形に変換することを学習する研究がある。他にも、学習結果が人間に理解しやすく、しかも予測精度ができるだけ落ちないように、機械学習手法に制限を加える方法も研究されている。また、与えるデータの種類を変えながら、別々の機械学習手法を行って、それぞれの結果を総合して予測するという手法も研究されている。例えば金融市場では、マクロ経済指標などの長期的な市場動向に影響を与えそうなデータを用いた学習の結果と、日中価格などの短期的な動向に影響を与えそうなデータによる学習結果を合わせて、どういった状況では長期要因による予測結果を重要視して、別の状況では短期要因による予測結果を重要視するかを学習する別の解析も行うなどが考えられる。このような複数データ分析の統合によって、その時々の相場を支配している式を推定して、それぞれの学習結果の信頼性を判断していくこともこれからの挑戦として必要である。

金融市場はいくつもの知能が関わっている

金融市場のデータ分析で一番の難しい問題は、金融市場の構成要素である市場参加者個人の行動がすでに複雑であり、物理現象の粒子や流体のような基本方程式がないことである。金融市場でのトレードや商品の購入などの一般の経済社会的行動について、すべての人々の行動を普遍的に説明し予測できる行動原理はない。もしそのような普遍的な行動原理が存在したとしても、今のところは解明されていない。これが物理学や化学などの自然科学的現象と、人間行動が絡む経済

社会現象との一番の大きな違いである。自然科学的現象には、その現象を構成する要素の挙動を支配している基本方程式が解明されている場合が多い。基本方程式を用いれば、構成要素の挙動は安定して正確に説明できる。またその要素が構成する現象全体の振る舞いも、基本方程式の合成によりある程度予測できる。そのため、分析したい自然科学的現象について、たとえ過去に同じ状況や条件がないとしても、その状況でその現象がどのように振る舞う可能性があるかを、既存のデータを基にして推定することができる。つまり未知の状況に対して外挿予測ができるのである。これに対して金融市場では、未だ起きていない状況が待つ特徴を、過去のある程度類似した状況から基本方程式によって予想することが困難であり、すべて未知の状況になってしまう。しかも、市場参加者は知能を持っており、状況を見ながら行動ルールを自分で変えてしまう。

　金融市場の分析が難しい2つ目の理由は、構成要素である市場参加者の挙動が均質でないことである。たとえ市場参加者の行動原理が単純な状況になっていたとしても、各個人が持っている取引や予測のルールはそれぞれ異なっているだろう。そのため、金融市場全体の振る舞いを決定する条件も膨大な数になる。様々な状況に関してデータを大規模に集めようとしても、すべての状況をデータで網羅することは不可能である。そのため、過去データにない未知の状況が数多く存在することになる。

　金融市場の分析が難しい3つ目の原因は、ミクロ・マクロループの存在である。たとえ市場参加者個人（ミクロ）の行動原理が単純で市場全体で均質だとしても、個人の行動が他の個人の行動と相互に影響していると、金融市場全体（マクロ）の振る舞いは複雑で予想できないものに成りうる。そのため、金融市場の状況は多様になり、過去データの解析だけではカバーできない新たな状況が将来発生する可能性は常にある。

　金融市場分析に関するこれらの根本的な課題への取り組みの1つとして、複数の機械学習プログラム同士で取引を行い金融資産価格が変動するプロセスをシミュレートする研究が行われている（和泉（2012））。この人工市場シミュレーション研究は、複数の知能の相互作用により生じる複雑な市場現象を機械に再現する試みであり、社会的状況における人工知能プログラムの振る舞いを分析する試みでもある。成果の1つとして、人工市場シミュレーションに自動売買プログラムを参加させ、取引アルゴリズムの評価を行っている。これにより、過去データに現れないような多様な市場環境でのテストを行える。他にも、人工市場シミュレーションを用いた現実の金融市場の制度検証をしている。東京証券取引所

との共同研究で、シミュレーションと実データ分析により、ティックサイズ（注文価格の最小単位）変更の際の方針決定に貢献した（水田，早川，和泉，吉村（2013））。

3 金融と情報技術の融合に向けて

本章では人工知能技術を用いた資産運用支援の方向性を研究や実用の事例を基に紹介した。現状ではすべての状況で勝てる万能なデータ解析プログラムを構築することは難しい。機械学習をはじめとする人工知能技術は状況変化が少ない目先の予測は得意であり、スピードの面で人間では太刀打ちできない。しかし、経済構造の変化を含む長期的な市場分析や、政治状況や世界情勢の変化に起因する今までに無いような新しいマクロ的な環境での市場予測は、現在の人工知能技術には困難である。囲碁や将棋のように未来永劫ルールが変わらない世界では人工知能が人間よりも優位であるかもしれないが、金融市場のようにその時々の様々な社会的要因に応じてルールが変化していく世界では、まだまだ人間にしかできない作業は残されている。

今後の金融データ解析の発展の可能性は、まず複数のデータ解析プログラムを適切に組み合わせる方向がある。例えば、ティックデータなどを用いた短期的な板の動向分析と、経済ニュースのテキストデータ分析によるイベントの影響分析、マクロ経済指標を用いた長期的な経済動向分析などのように、予測期間の長さや予測対象（相場そのもの、相場を取り巻く経済環境等）の違いで様々なモデルをデータ解析によって構築する。さらにそれらのモデル同士の関係性をデータにもとづいて学習していくような手法が有望である。さらに、現在機械学習によるデータ解析が苦手としている金融分野の常識の獲得を、大規模なデータの解析と人間の判断モデルの統合によって改良していくことも考えられる。そして、複数知能の相互作用により、金融市場全体の挙動を再現するような試みもその成果が期待される。

これからの資産運用業務は、機械ができる範囲の作業（定型的な分析）は機械に任せて、機械ができない範囲の作業（長期予測、転換点での予測）を人間が自分の能力を活かしてじっくりと分析することになるだろう。人工知能技術をツールとして使いこなして、人間にしかできない課題に対して自分の能力を拡張して取り組んでいくことが、これからの資産運用に求められていく。

このような新たな金融データ解析を含むフィンテック分野では、残念ながら日本は世界的に見て現状は少し立ち後れている状況である。イギリス大蔵省が世界

の複数の国々のフィンテックの現状と将来について、政策面・人材育成・技術面などから国際比較をしたレポートでは、日本は比較対象にも入っていない（Ernst and Young（2016））。例えば、英国のシティでは、世界のフィンテックの中心地になることを目標に、官民を挙げて様々な取り組みをしている。制度上の支援や環境整備の他に、金融実務と大学などが協力してフィンテック人材を育成するために、フィンテック・ハッカソン（フィンテック関連のプログラム開発イベント）などの様々なイベントを行っている。シンガポールでも金融管理局が中心となって、様々な金融機関やIT企業とシンガポール経営大学やシンガポール国立大学などのアカデミアを含む国中の機関を協力させ、金融サービスにおけるテクノロジー活用の促進を進めている。

　前述のように、日本のフィンテック分野での潜在能力は非常に高い。必要なのは、金融（finance）と情報技術（technology）をつなげる場と人材である。残念ながら、いわゆる文系と理系に分かれた長年の教育により、日本で金融分野と情報技術分野の間にある壁は高くなっている。お互いの分野で活躍する人材の間で、考え方や習慣、価値観や文化も異なっている。そのような壁を取り払っていくためにまず必要なことは、大がかりなことでなくてもよいので、両分野の連携によって実務的な成功例を増やしていくことである。そうすれば、一緒に仕事することがお互いに必要となり、連携する機会がますます増えていくだろう。そうすれば、情報通信分野と金融分野をつなげる人材を育成する場や、様々な立場の人たちがオープンに協力する機会も構築されていく。本書で紹介した様々な事例がそのようなきっかけとなる可能性を含んでおり、これからの発展も大いに期待できると考えている。

4　本章のまとめ

　9章では、ビッグデータの活用に関する幅広い知見を盛り込むことを目的に、インタビュー記事と寄稿論文を掲載した。

　まず、日本銀行の金融高度化センターの家田センター長と山口副センター長へのインタビュー記事は、金融機関を監督・指導する立場からビッグデータの利活用の動向を議論したものである。企業の「受発注データ」や「預金口座の入出金データ」を利用した信用力評価・融資判断は、まさに金融における先端的なデータ活用事例であろう。

　次に、慶應義塾大学の星野教授へのインタビュー記事では、マーケティング領

域におけるデータの特性と研究事例を紹介した。マーケティング領域の研究事例は、資産運用やリスク管理への応用が期待される。

最後に、東京大学の和泉教授の寄稿論文を掲載し、資産運用の領域を中心にデータ活用の将来像を示した。ビッグデータの資産運用への応用は多岐にわたっており、今後さらに広がっていくだろう。一方で、「人工知能技術を用いた資産運用支援」という点について、「現状ではすべての状況で勝てる万能なデータ解析プログラムを構築することは難しい」と厳しい見方をしている。人工知能や機械学習の手法を不確実性の高い資産運用に応用するのが困難な理由の1つとして、「市場参加者は知能を持っており、状況を見ながら行動ルールを自分で変えてしまう」ことを挙げているが、慶應大学の星野教授も、人間の行動パターンをモデリングすることについて同様の見解を示している。

3章から8章まで、様々なデータ分析事例を紹介してきたが、すべてに共通するのは、多様なデータに対し、できるだけ適切な切り口でモデル化しようとしている点であろう。大量のデータを入手しても、そこから簡単に有益な知見が得られるわけではない。各領域に関する知識を活かして投資家行動や企業行動についての仮説を設定し、入手したデータの特性や限界を認識しつつ分析することで、初めて有益な発見への道が拓かれる。本書を通じて、読者に近年の金融データ分析を実感していただければ幸いである。

参考文献

Ernst and Young (2016), "UK Fintech on the cutting edge," report commissioned by HM Treasury.

和泉 潔 (2012),「金融市場：人工市場の観点から」, 杉原正顯（編）「計算と社会」, 岩波書店.

水田 孝信, 早川 聡, 和泉 潔, 吉村 忍 (2013),「人工市場シミュレーションを用いた取引市場間におけるティックサイズと取引量の関係性分析」, JPX ワーキング・ペーパー, 2.

索　引

数字・アルファベット

ABL（Asset Based Lending）　183

AI（人工知能）　52

arrowhead　39, 160

BRICS　43

CDO（Chief Data Officer）　35

CSR（Corporate Social Responsibility）
　84

EBM（Event Based Marketing）　180

EDI（Electronic Data Interchange）
　183

ESG　83

ESG 投資　83

FED ウォッチャー　140

FOMC（Federal Open Market
　Committee）　129

GDP Now　131

GDP（Gross Domestic Product）
　43, 131

PBR　49

POS（Point Of Sales）　128, 186

RSI（Relative Strength Index）　48

SNS　41

Word2Vec　92

【あ】

アクティブ運用　27

アノマリー　51

アルゴリズム取引　162

一次情報　173

位置情報　188

衛星画像　192

エコノミスト予想　150

エンゲージメント　104

オープンデータ　21

オンプレミス　34

【か】

価格弾力性　185

価格の硬直性　154

カスタマー　65

──モメンタム　74

ガバナンス　83

株価予測可能性　75

環境　83

機械学習　188, 190

企業発表　42

議事要旨　140

季節性　51

教師データ　93

業績要因文　111

極性　109, 110, 143

──判定　110

金融工学　23

金融ニュース　172

クオンツ運用　24, 52

クオンツ・ショック　25

クラウドコンピューティング　35

経営環境文　116

形態素解析　90

決算短信　106

行動経済学　153

高頻度取引　27, 162

──情報　158

索　引

構文解析 ……………………… 144	注文の小口化 …………………… 161
合理的期待 …………………… 152	ディープラーニング ……… 93, 109, 190
ゴールデンクロス ……………… 48	手がかり表現 …………………… 109
コロケーションサービス ……… 165	拡張―― …………………… 109

【さ】

サプライチェーン ………………… 60
サプライヤー ……………………… 65
　――モメンタム ………………… 75
サポートベクターマシン ……… 108
参照価格効果 …………………… 186
資産運用 …………………………… 24
市場参加者 ……………………… 158
持続可能 …………………………… 82
　社会 ……………………………… 83
情報処理能力 ……………………… 71
情報の伝播 ………………………… 66
商流ファイナンス ……………… 182
人工市場シミュレーション …… 196
人工知能（artificial intelligence, AI)
　……………………………… 52, 190
深層学習 …………………… 93, 109, 190
信用リスク ………………………… 47
スケールフリー …………………… 63
ステミング ……………………… 141
ストップワード ………………… 141
スピンモデル …………………… 116
スマートベータ …………………… 26
声明文 …………………………… 148
センチメント ………………… 48, 193

【た】

中心性 ……………………………… 63
　次数―― ………………………… 63
　媒介―― ………………………… 63

適時開示情報 …………………… 172
テキストマイニング ……… 21, 50, 87, 193
テクニカル ………………………… 47
データガバナンス ………………… 33
データ融合（データフュージョン）
　………………………………… 188
動学的確率的一般均衡モデル … 133
東京証券取引所 ………………… 158
投資家の注意力 …………………… 78
投資部門別売買状況 ……………… 38
東大日次物価指数 ……………… 128
トピック ………………………… 140
トランザクション・レンディング
　………………………………… 180

【な】

ナウキャスティング …………… 131
名寄せ ……………………………… 34
成行注文 ………………………… 160
日次リターン ……………………… 44
ニュース …………………………… 70
ニューラルネットワーク ………… 93
ネットワーク ……………………… 61
ノード ……………………………… 61

【は】

バーゼル規制 ……………………… 28
ハブ ………………………………… 63
バブル ……………………………… 49
バリューアットリスク（VaR) …… 29
ビジュアライズ …………………… 95

201

ファンダメンタルズ	46	
フォワードガイダンス	154	
フォーワードルッキング	29	
プライベートデータ	21	
文章の書き振り	115	
ベクトル表現	92	

【ま】

マイクロプライス	169
マーケットメイク戦略	163
ミクロ・マクロループ	196

【や】

約定	160
曜日効果	51
予兆管理	30

【ら】

リスクアペタイトフレームワーク	30
リスク管理	28
リーマンショック	29
リンク	61
連邦準備制度理事会（Federal Reserve Board, FRB)	140

執筆者の略歴

木上　徹 (9 章を担当)
　慶應義塾大学理工学研究科修了 主席研究コンサルタント

石部　真人 (1 章を担当)
　岡山大学法学部卒業　研究部長

磯貝　明文 (4 章を担当)
　東京理科大学大学院理工学研究科情報科学専攻修了 上席研究員

山内　浩嗣 (6 章を担当)
　一橋大学大学院商学研究科博士後期課程修了（博士（商学））上席研究員

佐藤　賢一 (2, 7, 9 章，編集を担当)
　慶應義塾大学大学院政策・メディア研究科修了 主任研究員

野崎　真利 (5 章を担当)
　東京大学大学院理学系研究科博士課程修了（博士（理学））主任研究員

川口　宗紀 (2, 4, 8 章，編集を担当)
　慶應義塾大学大学院理工学研究科博士後期課程修了（博士（工学））主任研究員

瀬古　進 (6 章を担当)
　南山大学大学院経営学研究科博士後期課程修了（博士（経営学））主任研究員

辻　晶弘 (6 章を担当)
　東京大学大学院総合文化研究科広域科学専攻博士後期課程修了（博士（学術））研究員

田代　雄介 (3, 8 章を担当)
　東京大学大学院情報理工学系研究科博士課程修了（博士（情報理工学））研究員

小林　寛司 (4 章を担当)
　電気通信大学大学院情報理工学研究科修了 研究員

須田　真太郎 (7 章を担当)
　東北大学大学院経済学研究科修了 研究員

霧生　拓也 (5 章を担当)
　慶應義塾大学大学院理工学研究科修了 研究員

鈴木　彰人 (3 章を担当)
　大阪大学大学院理学研究科修了 研究員

及川　太一 (2 章を担当)
　東海大学理学部数学科卒業 主任フィナンシャルエンジニア

須藤　秀明 (2 章を担当)
　筑波大学大学院経営政策科学研究科修了 フィナンシャルエンジニア

阿部　一也 (6 章を担当)
　専修大学経営学部経営学科卒業 フィナンシャルエンジニア

藤森　徹 (5 章を担当)
　京都大学大学院理学研究科修了 フィナンシャルエンジニア

〈編者紹介〉
三菱UFJトラスト投資工学研究所（MTEC）
日本初の金融工学に特化したシンクタンクとして1988年設立。三菱UFJ
信託銀行が永年培ってきた資産運用業務での経験を活かし、株式・債券
等の資産運用モデルを開発。運用パフォーマンスの向上や、新商品開発
に実績を上げている。また、市場リスクや信用リスク管理モデルの開発
にも取り組み、MUFGグループのリスク管理高度化にも貢献している。

実践　金融データサイエンス

2018年5月18日　1版1刷
2018年6月14日　　　2刷

編　者　三菱UFJトラスト投資工学研究所
　　　　Ⓒ Mitsubishi UFJ Trust Investment Technology Institute Co.,Ltd.,2018
発行者　金子 豊
発行所　日本経済新聞出版社
　　　　東京都千代田区大手町1-3-7　〒100-8066
　　　　電話（03）3270-0251（代）
　　　　https://www.nikkeibook.com/

印刷・製本／シナノ印刷
本文DTP／マーリンクレイン
ISBN978-4-532-13481-5

本書の無断複写複製（コピー）は、特定の場合を除き、著作者・出版社の権利侵害になります。
Printed in Japan